Chocolate caliente para el alma de quien ha logrado sobrevivir

Chocolate caliente para el alma de quien ha logrado sobrevivir

Jack Canfield
Mark Victor Hansen
Patty Aubery
Nancy Mitchell, R. N.

Traducción
Gonzalo Mallarino

GRUPO
EDITORIAL
norma

Barcelona, Bogotá, Buenos Aires, Caracas, Guatemala,
Lima, México, Miami, Panamá, Quito, San José,
San Juan, Santiago de Chile, Santo Domingo.

Edición original en inglés:
CHICKEN SOUP FOR THE SURVIVING SOUL
de Jack Canfield, Mark Victor Hansen,
Patty Aubery y Nancy Mitchell, R.N.
Una publicación original de Health Communications, Inc.
3201 S.W. 15th Street
Deerfield Beach, FL 33442-8124, U.S.A.

Dirección editorial, María del Mar Ravassa G.
Corrección, Dora Bueno de Parra

Este libro se compuso en caracteres Berkeley y Avangarde.

ISBN: 958-04-4083-2

1 2 3 4 5 6 7 8 9 10 11 12 13 14 15   1998 1999 2000

Con amor dedicamos *Chocolate caliente para el alma de quien ha logrado sobrevivir* a Linda Mitchell —una sobreviviente y madre de Patty y Nancy—, quien fue la primera que nos sugirió compilar este libro. Ella empleó cientos de horas leyendo más de mil historias y poemas en la creación de éste y nos alentó para continuar cuando pensábamos que nunca íbamos a terminar. ¡*Chocolate caliente para el alma de quien ha logrado sobrevivir* no existiría sin ti!

También lo dedicamos a Jeff Aubery, el esposo de Patty, quien pasó los últimos seis meses de este proyecto como el padre virtualmente solitario del hijo de ambos, J. T., mientras Patty trabajaba para completar el libro.

No hay camino demasiado empinado

No hay senda
tan oscura,
ni camino tan pendiente,
ni colina tan resbaladiza que otra gente
no haya conquistado
antes que yo, y sobrevivido.
Pueda ser que mis momentos oscuros
me enseñen a ayudar
a la gente que amo
en viajes parecidos.

Maggie Bedrosian

Contenido

3. Sobre la actitud

4. Sobre la fe

Prefacio

Me sentí muy honrado cuando me pidieron escribir el prefacio de *Chocolate caliente para el alma de quien ha logrado sobrevivir*. Los dos primeros libros de *Chocolate caliente* me han conmovido e inspirado tanto que mi prefacio podría resultar más largo que el libro. Por otra parte, me di cuenta de que podía escribir un prefacio de una sola palabra. ¿Cuál es esa palabra? Amor. Podría citar a todos los grandes líderes espirituales para enfatizar este punto, pero creo que usted, querido lector, ya sabe lo que estoy diciendo o no estaría leyendo este libro.

Cuando vemos un acontecimiento que produce un impacto emocional en nosotros, una de nuestras opciones es reprimir los sentimientos que nos crea y sepultarlos profundamente en nuestro interior. En mis primeros años como médico yo hacía esto muy bien. Creía que me estaba protegiendo a mí mismo, pero en realidad me estaba destruyendo. Por fin me herí lo bastante como para tener que buscar curación. Los libros como *Chocolate caliente para el alma* fueron parte de mi curación porque cuando uno lee, entra en contacto con sus sentimientos.

Entonces uno puede expresar esos sentimientos de manera que pueda curar su vida y su cuerpo. Así que lea usted, sienta y encuentre curación en estas páginas.

Aprenda de los nativos —los que han encontrado caminos hacia la curación. En una u otra forma todos tenemos cáncer —emocional o físicamente. El 90% de las personas con quienes hablo dicen, "La vida es injusta". Lo que en realidad están diciendo es, "La vida es difícil". Sí, pero como es difícil para todos nosotros, luego debe ser justa. Todos nos quejamos. Lo que este libro puede revelarle no sólo es cómo lidiar con el cáncer, sino cómo lidiar con las dificultades de la vida y hacer de ella una experiencia más significativa.

Al cuidar de la gente me doy cuenta de que no carece de información sobre cómo llevar un estilo de vida más saludable. Lo que le falta es la inspiración que lleva a la transformación. A algunos, esta inspiración les llega cuando se enteran de que tienen poco tiempo por vivir —de que no son inmortales. Bien, ninguno de nosotros lo es, y por lo tanto resulta mucho más sabio leer este libro e inspirarse, que esperar hasta tener una enfermedad que amenace la vida.

Como decía, mi transformación vino de mi dolor como médico, de guardar todo dentro de mí hasta que empecé a sufrir de un estrés postraumático, frecuente en mucha gente de la sociedad de hoy. Mis pacientes se convirtieron en mis maestros. Al ayudarles a aprender cómo vivir entre visita y visita a un consultorio, yo también estaba aprendiendo a hacerlo. De manera que, por favor, acepte su mortalidad y encuentre felicidad y amor. También aprenderá que la primera persona a la que hay que amar es a uno mismo.

¿Quiénes son los mejores maestros? Me parece que son los individuos que no mueren cuando se supone que deben morir. Ellos le enseñarán sobre la vida. Saben que no son estadísticos, ni los controlan las estadísticas. Un estudiante de medicina que conozco se puso furioso cuando leyó que su enfermedad repite invariablemente, y siete años más tarde se graduó en medicina sin ninguna muestra del tumor "incurable". Otros se disponen a crear un mundo más bello y se ocupan tanto en ello que se les olvida morirse. De repente, tienen permiso para renunciar a un puesto, quitarse una atadura, irse a las montañas o a la orilla del mar, expresar amor, afirmarse a sí mismos, explorar una vida espiritual, leer y hacer otras cosas para las que nunca tenían tiempo. Aprenden el significado de la frase "goce de la vida; es más tarde de lo que usted cree". Su goce no es el de ser egoístas. Parece increíble cuánta gente cree que ser feliz es egoísta. Hablo de gente que contribuye con el mundo a su propio modo, no al modo que algún otro decide. Como decía una mujer: "Después de haber hecho todas las cosas que quería hacer antes de morir, no me morí". Más tarde escribió: "Ahora estoy tan ocupada que me estoy matando. ¡Auxilio! ¿A dónde voy desde aquí?". Le dije que tomara una siesta. No se estaba apagando, estaba ardiendo cada vez más.

Otros deciden dejarle sus problemas a Dios y luego se mejoran. Deje que los problemas de su vida sean sus maestros. Describa siempre sus dificultades con palabras que expresen sus sentimientos. Luego mire qué cosas de su vida se ajustan a la descripción, y cúrelas. Su vida mejorará y usted también obtendrá beneficios físicos. Recuerde, la vida es como los dolores del parto pero los dolores no se los inflige otra persona. Usted decide por qué tiene que pasar para darle nacimiento a su propio ser.

También sabemos que si usted experimenta el dolor rodeado de personas solícitas, tendrá mucho menos dolor y muchas menos complicaciones. De manera que salga en busca de la ayuda que necesita. Cree una sociedad de ayuda mutua con su familia, sus amigos y sus proveedores de salud. Las historias que aquí se encuentran le darán una guía sobre cómo hacerlo.

Estas historias también le enseñarán que en la vida no se trata de "¿Por qué yo?", sino de "¡Póngame a prueba!". Aprenderá que vencer una enfermedad o una dificultad no es sólo cuestión de curarla, sino de vivir con la adversidad de tal manera que uno inspire a quienes lo rodean. Usted gana por la manera como vive, no porque no se muera.

La culpa malsana, el reproche y la vergüenza no tienen lugar en su nueva vida. Si a usted se le pierden las llaves del auto, no es porque Dios lo esté castigando y lo quiera hacer ir a pie hasta su casa, y si usted pierde la salud, tampoco es porque Dios lo esté castigando. Nosotros (incluso Dios) le ayudaremos a encontrar su salud lo mismo que le ayudaríamos a buscar sus llaves —sin culpa ni reproche.

Cuando usted viva el momento, quedará asombrado del cambio en su vida y de la sabiduría interior que descubrirá. Como comprenderá al leer este libro, la clave es la transformación. Le revelaré un secreto que sólo comparto con los lectores sobre cómo tener éxito en la transformación.

Sus pensamientos producen cambios químicos en su organismo. Lo que usted piensa y prevé lo altera. Pase un momento riéndose, amando o jugando y sentirá su cuerpo distinto de como lo siente en los momentos de ansiedad, desesperación o miedo.

Por tanto, ¿qué puede hacer? Compórtese como si fuera la persona que quiere ser. A partir de estudios sabemos que los actores y las actrices, desempeñando un papel, alteran la química del cuerpo según la emoción que están representando.

Cuando termine su *Chocolate caliente* y se sienta mejor, decida quién quiere ser y empiece a convertirse en ese nuevo ser. Nadie, sino usted mismo, puede cambiarlo, pero un buen entrenador lo puede ayudar a sacar lo mejor de sí mismo. Permita que este libro sea su entrenador o su guía, pero también busque otros entrenadores.

Terminaré con un pensamiento importante. Escribe William Saroyan: "Todo el que está vivo es un actor, pero casi todos son actores muy lastimosos". Y continúa diciendo que por esta razón se nos da toda una vida para que aprendamos a actuar como nosotros mismos. De manera que perdónese cuando no sea la persona que quiere ser. Luego saque el retrato de cuando era niño, mírelo y perdónese a sí mismo. Luego siga tratando de ser el que usted quiere ser.

Un último consejo: lea *Chocolate caliente para el alma de quien ha logrado sobrevivir* y quede instruido. Y para los que no tienen cáncer pero son miembros de la familia, amigos o asistentes de salud de alguien que padece esta enfermedad —o para cualquier miembro de la especie humana— no espere a que su vida mortal esté amenazada para ponerle atención a las lecciones de vida que se dan en este libro.

Bernie S. Siegel, M.D.

Introducción

*Las historias que cuenta la gente tienen un modo de
ayudarla… A veces, para mantenerse con vida, una
persona necesita más una historia que comida.*

BARRY LÓPEZ

Desde nuestros corazones para los de ustedes, nos
encanta ofrecerles *Chocolate caliente para el alma de quien
ha logrado sobrevivir*. Este libro contiene muchas historias
que sabemos los alentarán a abrigar más esperanza, les
darán fuerzas para hacerse cargo de su vida y de su
proceso curativo, los inspirarán para dar y recibir más
amor incondicional, los motivarán a luchar y perseverar
frente a los que parecen obstáculos y riesgos invencibles,
los invitará a compartir sus sentimientos, los persuadirá
a aceptar más apoyo y, finalmente, los convencerá de
vivir todos los días con más plenitud y más humor
mientras persiguen sus sueños entrañables con más
convicción. Este libro los sostendrá en los momentos de
frustración y los retará y los confortará en los momentos

de dolor y sufrimiento. Si ustedes se lo permiten, *Chocolate caliente para el alma de quien ha logrado sobrevivir* será verdaderamente un compañero para toda la vida, que les ofrece visión interior, sabiduría y guía en muchos terrenos de su recuperación y su vida.

Durante esta época de mi vida, muy desafiante, luchando contra el cáncer, en verdad agradecí el poder buscar fuerzas y paz en Chocolate caliente para el alma.

PAUL

¿Por qué este libro?

En enero de 1995, a Linda Mitchell, la madre de Nancy y Patty, le diagnosticaron un cáncer de seno. Como habíamos estado escribiendo y compilando los libros de *Chocolate caliente para el alma* durante los últimos cinco años, ella nos sugirió que compiláramos un libro con historias de personas a las que les hubiera dado cáncer. Al principio el proyecto despegó muy lentamente, y nos preguntábamos si llegaríamos a completarlo. A medida que los sobrevivientes de cáncer y sus parientes empezaron a mandarnos historias, y nuestras lecturas e investigaciones sobre cáncer continuaron, nos dimos cuenta de que lo terminaríamos y de que sería un gran libro. Pero también comprendimos algo más.

Cuando nació la idea de este libro, tenía relación con sobrevivir al cáncer, pero cuando llegó a tomar forma, nos dimos cuenta de que era realmente un libro sobre la vida. De hecho, ocho millones de sobrevivientes al cáncer en este mundo han descubierto cosas sobre la vida que la mayoría de nosotros todavía no sabe. Al continuar trabajando en el libro, nos dimos cuenta de que cada historia nos enseñaba lo que es verdaderamente importante en la vida. Como resultado, nuestro aprecio por las cosas sencillas de la vida se hizo más profundo —mirar los matices cambiantes del amanecer, dar un paseo por la playa, oír música, tomarse un jugo de frutas frescas, jugar con nuestros hijos y abrazar a los que amamos. Nuestras familias y el amor que todos compartimos se volvieron más y más importantes para nosotros.

Por lo menos una vez al día, nos detenemos y decimos: "Tenemos mucha suerte". A causa de este libro no somos las mismas personas que éramos. Nuestras prioridades son ahora más claras. Compartimos nuestros sentimientos más abiertamente, tomamos nuestras vitaminas y nuestras hierbas con mayor regularidad, comemos mejor, meditamos y hacemos yoga más a menudo, oramos con más convicción y amamos con mayor franqueza. Nuestras disciplinas diarias son más fuertes, nuestras dependencias más débiles y nuestros deseos de seguir nuestras propias indicaciones interiores más intensas. Nos reímos más a menudo, nos tomamos más tiempo para divertirnos, nos preocupamos menos por complacer a otros y sabemos, con más claridad que nunca, que cada día es un regalo que debe atesorarse para vivirlo hasta el máximo.

> Chocolate caliente para el alma *me volvió a revelar*
> *el hecho de que la vida es realmente demasiado corta*
> *para esconderla, ¡está hecha para vivirla!*
>
> RITA VALDÉS

Les agradecemos a todos los que han sido desafiados por el cáncer, porque sus esfuerzos y revelaciones ahondaron nuestra propia comprensión de la vida, el amor y la espiritualidad. Confiamos también en que nuestros lectores tengan la misma experiencia que nosotros tuvimos mientras producíamos este libro. Sabemos, por haber compartido las primeras copias del libro con muchos pacientes de cáncer, sobrevivientes, parientes y profesionales de la salud, que éste confortará e inspirará a todos los que se hayan enfrentado a este desafío. También tenemos la esperanza de que este libro sea una llamada de alerta para quienes no tienen cáncer —esperamos que les dé algunos de los conocimientos íntimos sin tener que pasar personalmente por las dificultades.

Y a quienes, entre ustedes, en este momento están batallando con el cáncer, los invitamos a permitir que estas historias los toquen en las profundidades de sus almas y les den la fe, la esperanza y el valor para luchar y vencer porque, antes que ustedes, otros ya lo han hecho. Que estas historias iluminen su camino en las noches oscuras. Les enviamos nuestro amor y nuestras bendiciones y el amor y las bendiciones de todos los que participaron en este proyecto. A todos les interesa… y saben a qué se enfrentan ustedes y qué es posible.

Compartir estas historias con otros

A veces nuestra luz se apaga pero otro ser humano la enciende. Cada uno de nosotros le debe el más profundo agradecimiento a quienes le han vuelto a encender esa luz.

ALBERT SCHWEITZER

Algunas de las historias que usted va a leer lo moverán a compartirlas con alguien más —otro paciente, sobreviviente, miembro de la familia, amigo o profesional de la salud. Cuando eso ocurra, tómese el tiempo necesario para visitar o llamar a esa persona y compartir con ella la historia. Le prometemos que al compartir las historias con otros, obtendrá algo incluso más profundo para usted mismo.

Cómo leer este libro

Una lectora del primer libro de *Chocolate caliente para el alma* nos escribió diciéndonos que había leído el libro de una en cuatro horas y que en ese tiempo había dejado salir ¡todos los síntomas de la gripe que tenía! Sabemos que leer este libro puede afectar a su sistema inmunológico. ¡Bastante asombroso!

En realidad, no le recomendamos leerlo todo de corrido. Tómese su tiempo. Gócelo. Saboréelo. Comprometa cada historia con todo su ser. Leer un libro como éste es algo así como sentarse a comer una cena hecha toda con postres. Puede ser demasiado gustosa para digerirla en una sola vez. Tómese tiempo para experimentar el efecto de la historia. Ponga atención a las palabras tanto con el corazón como con la mente. Deje que cada historia lo toque. Pregúntese qué despierta en usted, qué le sugiere para su vida, qué sentimiento o acción reclama de su ser interior. Lo alentamos a establecer una relación personal con todas las historias.

Muchas historias le hablarán más alto que otras. Algunas tendrán un significado más profundo. Algunas lo harán reír; otras llorar. Muchas le producirán un sentimiento cálido por todas partes; algunas pueden golpearlo justo entre los ojos. No hay una reacción acertada, sino sólo su propia reacción. Deje que ocurra. Deje que sea así.

Jack Canfield, Mark Victor Hansen,
Patty Aubery y Nancy Mitchell

1

SOBRE
LA ESPERANZA

Tener esperanza significa ver que el resultado que se quiere es posible, y luego trabajar para lograrlo.

Bernie S. Siegel, M.D.

Los que reparan almas

Durante los primeros meses que siguieron a mi diagnóstico de cáncer, yo no reconocía ninguna clase de curación distinta de la curación física. No estaba interesada en técnicas que me ayudaran a enfrentar la situación o a aumentar mi expectativa de vida en unos cuantos meses; la sola mejoría o la "calidad de vida" tampoco capturaban mi atención. La única opción que aceptaba era la recuperación plena, y estaba dispuesta a hacer cualquier cosa e ir a cualquier parte para lograrla.

Cuando terminaron mis cirugías y mis tratamientos con radiaciones, me encontré en esa aterradora zona de penumbra de la vida después del tratamiento. Los médicos habían hecho todo lo que podían, y yo quedé por mi cuenta en el interrogante de si estaría viva o muerta al año siguiente. Para conservar la salud mental, me esforcé por convencerme y convencer a todo el mundo de que estaba divinamente y el cáncer no era ninguna sentencia de muerte. Mi lema se volvió "No cuento como pérdidas a los pacientes de cáncer".

Sólo dos semanas antes, mi pareja y yo nos habíamos separado. Me sentía confusa y aterrada respecto del futuro. Sola en la cama por la noche, miraba las paredes blancas y me preguntaba quién querría a una paciente de cáncer de 39 años.

La vida en mi apartamento era desalentadoramente tranquila. Entonces, Flora entró en mi vida —una gatita salvaje y flaca, de unas cuatro semanas, llena de lombrices, pulgas y piojos. Tiritando y sola debajo de las ruedas de mi auto detenido, Flora parecía desesperadamente enferma. La agarré por la cola y tiré. En segundos tenía la mano arañada hasta hacerla pedazos. Pero aguanté y la traje a mi apartamento, gruñendo y quejándose. En ese momento me di cuenta de que mi vida solitaria saludaba con gusto la conmoción de una gatita menuda y furiosa, que me distraería de mis propios pensamientos depresivos.

Con la llegada de la gatita, desplacé mi energía de mí misma y de mis sombrías imaginaciones, y la concentré en curar a Flora. Además de las lombrices y las pulgas, tenía una terrible infección viral que le había ulcerado la lengua, las mejillas y la garganta. Yo sabía todo sobre las úlceras en la boca, de modo que la compadecí de todo corazón por padecer esa dolorosa condición. Tomó semanas, pero lentamente Flora se curó, y por el camino nos hicimos compañeras. Pronto fue una amorosa y confiada bola de pelusa blanca y negra que me esperaba en la puerta todas las tardes, cuando regresaba del trabajo. La soledad de mi apartamento se desvaneció, y yo apreciaba el éxito de nuestra aventura de salud *juntas*. Aunque mi propio futuro parecía incierto, el éxito con Flora era algo que yo podía lograr.

Apenas unas semanas después de haber llevado a Flora a algo parecido a una salud gatuna, le diagnosticaron leucemia felina. Cáncer. Su veterinario le dio el mismo pronóstico lastimoso que mi oncólogo me había dado: lo más probable era que Flora muriera en uno o dos años. Mi respuesta fue instantánea e inconsciente. Tan pronto como el veterinario me entregó el diagnóstico, la di por perdida. Pronto, mi apego emocional hacia ella cesó cuando comencé a protegerme del dolor de su muerte que, como sabía, vendría. El veterinario me dijo que Flora moriría y yo simplemente lo acepté. Dejé de hablar y de jugar con ella porque cuando lo hacía terminaba sollozando histéricamente por mi gatica. Incluso me costaba trabajo mirarla. Pero Flora simplemente no iba a permitirme alejarme. Cuando pasaba junto a ella, me perseguía. Su patita me tocaba vacilante la mejilla en las noches cuando se enroscaba junto a mí en la cama, ronroneando fuertemente. Si yo estaba de humor frío, no parecía notarlo. Flora hacía lo que los gatos hacen mejor: esperaba y vigilaba.

Su paciencia al fin triunfó. Una noche tuve una experiencia reveladora sobre mi actitud hacia Flora. ¿Cómo podía creer que mi propio cáncer no era una sentencia de muerte cuando no podía tener la misma esperanza en el caso de ella? ¿Cómo podía descartar a cualquier ser sin descartarme a mí misma? Aunque me la pasaba charlando sobre esperanza y curación, yo sabía que, honradamente, me veía en la tumba.

Ese momento de comprensión fue un cambio profundo

para mí. Aunque se demoró en llegar, por fin me golpeó como una granizada. ¿Con qué frecuencia en mi vida me había apartado del dolor, de la pérdida y de los sentimientos honrados? Viviendo a "media vida", prefería alejar la emoción al primer asomo de pérdida, y por poco me pierdo a mí misma en el proceso.

Una noche, poco después de despertarme, encendí una vela por Flora y por mí. Juntas nos sentamos a mirar la llama, y prometí a Flora quererla con salvaje abandono durante todo el tiempo que estuviera conmigo, porque al hacerlo me sentía muy bien. Sabía que, al querer a Flora, también encontraría un modo de quererme a mí misma —con todo y el mal pronóstico. Para ambas, cada día de la vida sería un día que podríamos celebrar juntas.

Empecé una búsqueda para curar a Flora que incluía muchas de las mismas preciosidades de medicina complementaria que ensayaba conmigo misma. A Flora se le hizo acupuntura, homeopatía, se le dieron vitaminas, se le hicieron terapias de música y de color, baños desintoxicantes y recibió cantidades ilimitadas de abrazos, amor y afecto. Su cuenco del agua tenía pequeños cristales de colores. Su collar era de un verde curativo.

Sin embargo, lo más importante en este proceso era el cambio de actitud que yo experimentaba con todo este tejemaneje, como lo llamaban algunos de mis perplejos amigos. Curarse dejó de ser algo tan dolorosamente pesado. Se volvió diversión, hasta tontería. Cuando dije a mis amigos que podría llevar a mi casa a unos exploradores para que buscaran y corrigieran "vibraciones de mala energía", ¡tuve que hacer uso de un sentido del humor altamente desarrollado!

Durante los meses siguientes, poco a poco aprendí que curarse es algo más que frases rimbombantes sobre la enfermedad. Curarse no es simplemente un resultado final, sino un proceso. Flora me ayudó a recobrar la alegría que había muerto después de mi tratamiento de cáncer y del rompimiento de mis anteriores relaciones. Me trajo una paz enorme con su tranquila y confiada presencia. Por último, cuando vi a Flora curada, amada y cuidada, supe que podía tener honradamente la misma visión esperanzada de mí misma.

Flora es suave y feliz y ya tiene siete años. Sus últimos tres exámenes de leucemia han resultado negativos. En el momento de mi reflexión reveladora sobre Flora, sentí que era un ángel enviado para enseñarme que apartándose del amor no se logra nada.

Susan Chernak McElroy

De estar en quimio a estar en cámara

Fe, esperanza, amor.
Se necesitan todas tres.
Si quieres estar vivo debes ser positivo.
Hay un rumor de que tengo un tumor.
Era bailarina, pero el cáncer me domina.
Tenía la cabellera a lo largo de la espalda,
ahora, como Kojak, soy completamente calva.
Pero todo ya está bien
porque ganaré también.

Ésta es parte de la letra de mi "canción rap del cáncer". La escribí cuando en marzo de 1989, a los 18 años de edad, supe que tenía cáncer en los huesos. Después de casi ocho meses de quimioterapia y ocho operaciones serias, incluso la amputación de mi pierna izquierda por arriba de la rodilla, seis tumores más tarde, puedo decir, agradecida, que ¡estoy limpia!

No le deseo el cáncer a nadie, pero jamás querría olvidar lo que pasé. El dolor físico y emocional me enseñó a amar realmente la vida, con pasión. Sufrir produce perseverancia, carácter y esperanza.

También me divertí bastante cuando estuve en quimioterapia en el hospital. Otros pacientes y yo (los que nos animábamos) nos reuníamos en fiestecitas diarias mientras nos hacían nuestra quimioterapia o nuestra hidratación. Me acuerdo de andar por el hospital sin pelo, con palillos metidos entre las narices y los oídos, sólo para provocar la reacción de personas desprevenidas. Nada me hacía sentir mejor que hacer reír a otros y hacer que olvidaran su dolor por un momento. Sentía que Dios usaba mi situación y mi experiencia para ayudar a otros.

Esta pasión por divertir también me condujo a una carrera. Antes del cáncer, yo era bailarina. Cuando me diagnosticaron el cáncer, mis médicos me dijeron que no volvería a bailar. Los embromé —todavía bailo y con mucha alma. Hace dos años empecé a tomar lecciones de actuación teatral. En el sur de California, donde yo vivo, está situada la mayor parte de la industria del entretenimiento. Demoré la asistencia a mi primera audición porque no quería enredarme la vida. Cuando por fin asistí, ¿me creerán si les digo que no sólo conseguí el papel, sino uno principal en una gran obra? ¡En *Northern Exposure!* Fueron dos de las mejores semanas de mi vida. Representé un personaje, Kim Greer, que se está entrenando para una carrera de sillas de ruedas en Cicely, Alaska, y se tuerce un codo. Maggie (Janine Turner) me presenta a Ed (Darren Burrows) para que trate de curarme con métodos de chamán indígena.

Así era como pasaba un día en el escenario. La noche

anterior estudiaba mis renglones. Tenía que levantarme realmente temprano (a veces a las 3 a.m.) para reunirme con el resto del reparto y viajar de Seattle a los lugares de filmación. Las escenas de interiores se filmaban en Redmond, Washington, y las exteriores en el pueblito de Roslyn (850 habitantes). Mientras nos maquillaban, dábamos la primera pasada a las escenas con los otros actores. Luego terminaban de maquillarme y se filmaban las escenas. Estas últimas se demoraban mucho tiempo porque las toman varias veces, desde diversos ángulos, y luego tienen que "procesar" y "escoger". El director realmente era útil y gracioso, y me llamaba "la chica que actúa sin actuar". En la tarde, después de terminar, me quedaba a mirar cómo filmaban otras escenas. Era muy educativo.

El reparto y la gente de producción en esa obra eran muy especiales. Incluso adopté a un "abuelito", el hombre que manejaba el vagón del maquillaje.

Dos semanas después de mi regreso, el mismo director me llamó para hacer una audición para un pequeño papel en *Beverly Hills 90210*. Más tarde supe que habían decidido ponerme en el reparto para un papel importante: como una activista universitaria, contraria a Brandon Walsh. Todavía no he conocido a ninguno de los actores de la serie. Creo que la mayoría de ellos son muy distintos de los personajes que interpretan.

Aunque perdí una pierna por el cáncer, estoy haciendo más de lo que había hecho nunca. Aprendí a esquiar en la nieve en una pierna, y ahora participo en carreras y enseño a esquiar a otras personas. Y, ¡no se me cruzan las puntas de los esquís!

Aunque tengo metas en la actuación y en el oficio de escribir, después de tener cáncer aprendí a no tomar las cosas demasiado en serio. La vida es pasajera. De manera que mientras la tenga, ¡voy a divertirme con ella!

Kristine Kirsten

Se pueden enseñar trucos nuevos a un perro viejo

La mente, además de la medicina, tiene poderes para voltear los sistemas de inmunidad...

JONAS SALK

Como graduado de una de las diez mejores escuelas de medicina, y después de cuatro años de residencia en un hospital universitario de Nueva York, estaba bien preparado en la ciencia médica. Era amable y compasivo; la mayoría de mis pacientes me querían tanto como yo a ellos. Con todo, me adhería a mi formación —si la cosa no estaba en la literatura médica y si no había pasado por estudios rígidos y doblemente comprobados, debía ser charlatanería. Y así fue durante 40 años.

Tres meses antes de cumplir 69 años, mi hija me envió desde California un ejemplar de *Curación cuantitativa*, de Deepak Chopra, M.D., quien explora el campo de la medicina mente-cuerpo.

Aunque me sentía muy bien, para mi cumpleaños me hice un reconocimiento médico completo. Recibí un diagnóstico definitivo de cáncer de próstata muy avanzado. En la escuela de medicina el profesor confirmó el diagnóstico. Me dijo que no había cura, pero que se podía demorar el progreso de la enfermedad con terapia de hormonas, y yo podría vivir entre 18 y 24 meses.

Cuando recibí el diagnóstico entré en conmoción y depresión, a pesar del heroico apoyo de mi esposa y mis hijos. Mis dos hijas, en California, entraron en la historia. De inmediato empecé a leer libros y a oír casetes sobre la curación, inicié una dieta macrobiótica, me inscribí en un curso de meditación, hice una cita con un "fisiólogo del cáncer" y empecé a visualizar la destrucción de mi cancer. Ninguna de estas modalidades era una terapia médica estándar aceptada, y aunque las practicaba con una enorme dosis de escepticismo, no podía resistirme a la persuasión forzosa de mi familia. Como estaba decidido a ser un buen paciente, hice todo lo que menciono con regularidad, e intentando mantener la mente abierta.

Han transcurrido 51 meses. Estoy bien pero no soy la misma persona. He hecho un cambio de 180 grados en mi actitud hacia la práctica de la medicina. De ser un médico de mente estrecha y visión de túnel, pasé a estar abierto a todas las posibilidades. Dirijo grupos de apoyo para enfermos de cáncer y abogo por las dietas, la meditación, la visualización y el apoyo fisiológico. Recibo varias llamadas telefónicas a la semana de pacientes con cáncer que después de haber oído mi historia, quieren saber qué pueden hacer para ayudarse ellos mismos.

La oración se agregó hace cerca de un año. Había oído

hablar del poder de la oración y mi familia me tenía en muchas líneas de oración, pero fui escéptico hasta cuando oí hablar al doctor Larry Dossey y leí su libro *Healing Words* [Palabras curativas]. Ahora busco numerosos artículos sobre la oración y veo historias en la televisión. Hablo con Dios todos los días, con mi propia manera informal. Mis días comienzan con 30 minutos de meditación, oración y visualización. Ir de compras y cocinar hacen parte de mi rutina. Eliminé de mi dieta todos los productos animales y las grasas y aumenté las cantidades de cereales, verduras frescas y otros alimentos, de acuerdo con mi dieta macrobiótica. Sigo viendo a un consejero macrobiótico dos veces al año. Escuchar cintas del doctor Bernie Siegel, del doctor Deepak Chopra, de Louise Hay y de otros que están íntimamente dedicados a la conexión mente-cuerpo, también hace parte de mi rutina diaria. En mis lecturas encontré muchos "milagros médicos" que ocurren como resultado de las "terapias alternativas".

Muchos de mis colegas todavía me consideran un "chiflado" que estaba de buenas y llegó a una remisión de su cáncer. ¿Por qué? Ellos no saben. Pero yo sí. Tenía montañas de amor y de apoyo moral y decidí cambiar. ¡Eso me salvó la vida!

Howard J. Fuerst, M.D.

Esperanza

Una mañana, mientras desayunaba, sin proponérmelo escuché una conversación entre dos oncólogos. Uno se quejaba amargamente: "Sabes, Bob, no lo entiendo. Usamos las mismas drogas, las mismas dosis, el mismo horario y los mismos criterios de tratamiento. Sin embargo, yo logré un 22% de respuesta y tú un 74%. Esto es algo nunca visto en el cáncer metastásico. ¿Cómo lo haces?". Su colega respondió: "Ambos estamos usando Etopodise, Platinum, Oncovin e Hidroxyurea. Tú llamas a esas drogas EPOH. Yo les digo a mis pacientes que les estoy dando HOPE [esperanza]. No importa qué tan desalentadoras sean las estadísticas, yo pongo énfasis en decirles que tenemos una oportunidad".

William M. Buchholz, M.D.

Amy Graham

Donde hay vida, hay esperanza.

MARCO TULIO CICERÓN

Hace varios años, después de volar durante toda la noche desde Washington, D.C., llegué cansado a la iglesia de Mile High, en Denver, en donde debía celebrar tres servicios y realizar un taller sobre la conciencia de la prosperidad. Al entrar en la iglesia, el doctor Fred Vogt me preguntó: "¿Sabe algo sobre la Fundación Formule un Deseo?".

"Sí", le contesté.

"Bueno, a Amy Graham se le ha diagnosticado leucemia terminal. Le dan tres días. Su deseo de moribunda fue asistir a sus servicios".

Me sobresalté. Sentía una combinación de elación, temor y duda. No podía creerlo. Pensaba que los chicos que se estaban muriendo podían querer ir a Disneylandia, o a conocer a Sylvester Stallone, a Mr. "T" o a Arnold Schwarzenegger. Era seguro que no querrían emplear sus últimos días oyendo a Mark Victor Hansen. ¿Por qué una muchacha que apenas tendría unos pocos días más de vida quería venir a oír a un orador motivacional? Me interrumpieron esos pensamientos...

"Aquí está Amy", dijo Vogt, mientras ponía la frágil mano de la jovencita sobre la mía. Allí estaba una chica de 17 años con un turbante rojo brillante cubriéndole la cabeza, que le había quedado calva como resultado de los tratamientos de quimioterapia. Su cuerpo encorvado era frágil y débil. Me dijo: "Mis dos metas eran graduarme de secundaria y asistir a su sermón. Mis médicos no creían que pudiera cumplir con ninguna de las dos. No creían que tuviera suficiente energía. Me dejaron al cuidado de mis padres... Éstos con mi papá y mi mamá".

Las lágrimas inundaron mis ojos; estaba sin respiración. Me sentía sacudido, desequilibrado. Estaba totalmente conmovido. Me aclaré la garganta, sonreí y dije: "Tú y los tuyos son nuestros invitados. Gracias por querer venir". Nos abrazamos, nos enjugamos las lágrimas y nos separamos.

He asistido a muchos seminarios curativos en los Estados Unidos, Canadá, Malasia, Nueva Zelanda y Australia. He visto trabajar a los mejores sanadores y he estudiado, investigado, escuchado, ponderado y cuestionado qué fue lo que actuó, cómo y por qué.

Ese domingo por la tarde dirigí un seminario al que asistieron Amy y sus padres. El público llenó el lugar hasta superar su capacidad con más de mil asistentes ansiosos de aprender, crecer y volverse más plenamente humanos.

Con humildad, pregunté a los asistentes si querían

aprender un proceso curativo que podía servirles toda la vida. Desde el escenario parecía que las manos de todos se habían levantado. De manera unánime, todos querían aprender.

Le enseñé al público cómo frotarse vigorosamente las manos juntas, separarlas cinco centímetros y sentir la energía curativa. Luego los reuní por parejas para que sintieran emanar la energía curativa de ellos mismos hacia otros. Les dije: "Si necesitan una curación, acéptenla aquí y ahora".

La audiencia estaba organizada y compartíamos un sentimiento extático. Les expliqué que todo el mundo tiene energía curativa y potencial curativo. El cinco por ciento la tiene en las manos, en un flujo tan fuerte que puede hacer de ella una profesión. Les dije: "Esta mañana me presentaron a Amy Graham, una chica de 17 años cuyo último deseo fue estar en este seminario. Quiero traerla aquí arriba y que todos ustedes le envíen energía vital. Tal vez podamos ayudar. Ella no lo pidió. Yo lo estoy haciendo espontáneamente porque me pareció justo".

El público cantó: "¡Sí, sí! ¡Sí, sí!".

El papá de Amy la llevó hasta el escenario. Se veía frágil por toda la quimioterapia, la mucha cama y la absoluta falta de ejercicio. (Los médicos no la habían dejado caminar durante las dos semanas anteriores al seminario.)

El grupo se calentó las manos y le envió energía curativa, después de lo cual le dieron una ovación de pie y con lágrimas en los ojos.

Dos semanas después, Amy me llamó para decirme

que su médico le había dado de alta después de un alivio total. Dos años más tarde, me llamó para contarme que se había casado.

He aprendido a no subestimar nunca el poder curativo que todos tenemos. Siempre está ahí para que lo usemos para los mejores fines. Sólo tenemos que recordarlo y usarlo.

Mark Victor Hansen

Wild Bill

¡Siempre pensé que viviría hasta los 83 años! ¿Por qué esa edad? No lo sé, pero ahora estaría agradecida si fueran 58. Cuando tenga 58, Rachel tendrá 12 —será lo bastante mayor para entender lo que está pasando. No es que sea nunca fácil perder a una mamá —ni siquiera cuando esa "mamá" realmente es una tía.

En realidad, agradezco cada día. Cada mañana cuando suena el despertador, me quedo en la cama durante unos minutos. Cualquiera que sea el tiempo, estoy feliz de poder estirar las piernas, hacerle una caricia a mi perro, y darle gracias a Dios por otro día. Mis días favoritos son esos en los que el sol entra por entre las cortinas de encaje, pero incluso me gusta el ruido de la lluvia contra los vidrios o el del viento que inclina los árboles contra el costado de la casa. Es en la mañana cuando me siento mejor. Es la mañana la que me da esperanza.

Hace cerca de dos y medio años, se me reventó un tumor en la glándula adrenal izquierda, en la mitad de la noche, lo que por poco me causa la muerte por la pérdida de sangre. Mientras estaba tendida en la mesa de operaciones, pensaba en mis tres hijos mayores, y en mis negocios inconclusos, pero más que nada pensaba en Rachel, a quien había dejado llorando histéricamente en el comedor de nuestra casa cuando los paramédicos me llevaban. De algún modo, salí adelante en la cirugía, me recobré asombrosamente y regresé al trabajo en seis semanas. Rachel y yo reanudamos nuestras vidas.

El tumor era extraño. Nadie podía decir claramente qué era, excepto que era maligno. Cinco centros médicos de primera categoría no pudieron identificarlo. Empecé a llamarlo "Wild Bill". Durante un poco más de dos años seguí bien, excepto por una obstrucción intestinal que respondió al tratamiento no quirúrgico. Cada tres meses visitaba a un oncólogo de Chicago, quien me hacía exámenes que yo pasaba con buenos resultados. Pasado un tiempo, dejé de pensar mucho en "Wild Bill".

Después de este Año Nuevo, me empecé a sentir excesivamente cansada, la espalda me dolía más de lo usual y tenía fiebre baja. Me interné en el hospital para que me examinaran. Se pensó en todo, desde tuberculosis (había estado expuesta en el trabajo) hasta una condición artrítica. Como parte de los exámenes se ordenó una resonancia del abdomen. Se suponía que ese examen debía durar de 45 minutos a una hora, pero se prolongó a dos horas y más. Tenía la mente y el corazón desbocados y las lágrimas me corrían como un río. No podía secármelas y nadie podía tomarme la mano, pero yo sabía que lo que el examen mostraba era malo. Al día siguiente una biopsia de parte del tumor confirmó que "Wild Bill" había vuelto. Me sentí perdida y deprimida. No podía pensar sino en Rachel.

Un cirujano un poco presumido pero bien calificado vino a verme. "Vamos a hacer una operación exploratoria, a ver qué es qué y a sacar lo que podamos. Pero no le doy garantías", me dijo. Cuando salí de la cirugía oí estas desilusionantes y desesperadas palabras: "No pudimos sacarlo todo". Todavía no me han explicado qué pudieron y qué no pudieron sacar. Según con quien hablara, por lo menos tenía cuatro versiones distintas. Enloquecedor.

Al principio mi recuperación estaba cargada de una tristeza terrible que no lograba sacudir. Me puse cada vez más delgada y no podía comer. Tampoco dormía y me dolía demasiado para voltearme en la cama, de modo que toda la noche me quedaba estirada como una tabla. Aunque mi familia, mis amigos y mis compañeros de trabajo se turnaban a mi alrededor, no podía sentir ninguna esperanza. Incluso deseaba haber muerto la noche en que se me reventó el tumor original.

No puedo decir que salí de una vez de aquello. Más bien fue como ir resbalando. Empecé la quimioterapia y aunque ésta me producía miedo, me daba esperanza. Leer libros era algo muy positivo para mí —leí sobre incontables casos desesperados que se recuperaron o vivieron mucho más allá de las expectativas. También vivieron buenas vidas. Empecé a sentirme mejor. Con la ayuda de una amiga y de un sacerdote amable, aprendí otra vez a rezar. Ahora Rachel y yo rezábamos juntas todas las noches. Dejé de desear haberme muerto aquella terrible noche de diciembre de 1992.

Durante los últimos dos años, habían pasado muchas buenas cosas y yo me las hubiera perdido. Mi hijo mayor publicó su primer libro, la carrera de actor de mi hijo menor arrancó otra vez, y mi hija y su novio construyeron una bella casa para compartirla en el futuro. Rachel aprendió a montar en bicicleta y a leer. Reanudé una vieja amistad con una persona muy querida. Las cosas que yo daba por sentadas eran importantes para mí. Una hermana regresó de California y podíamos vernos mucho más a menudo. Si yo hubiera muerto no hubiese podido decirle adiós a mi propio padre, quien murió el otoño pasado. Rachel podría no haberse recuperado nunca del trauma y de lo repentino de todo aquello.

Lo que ahora sé realmente es que uno nunca sabe realmente. De manera que ahora cuando me despierto, me siento agradecida por cualquier tiempo que me quede. Les doy de comer a los pájaros y a los gatos callejeros. Recojo flores y planto algunas. Llamo a mis hermanas y a mis amigos. Le ayudo a Rachel con sus tareas. Me siento más fuerte cada día. Creo que la palabra más importante ahora es "esperanza". Si tengo esperanza, puedo hacer lo necesario para mejorarme del mejor modo posible.

Mary L. Rapp

El cáncer y la elección de carrera

Descubrir de qué maneras se es excepcional, encontrar el camino particular que se debe seguir es cuestión de uno mismo en esta vida, igual si está enfermo como si no lo está. La cuestión es que la búsqueda se vuelve especialmente urgente cuando uno se da cuenta de que es mortal.

BERNIE S. SIEGEL, M.D.

A la tierna edad de 27 años, yo llevaba seis de casado, gozaba de una carrera floreciente en la industria del servicio de alimentos, iba a comprar mi primera casa y era el dichoso papá de dos bellos y notables hijos —un niño y una niña.

A la edad de 43, hacía dos años que me había divorciado, era dueño de un pequeño negocio próspero, estaba en el proceso de comprar un nuevo domicilio, había vuelto a encontrar el amor y estaba en vísperas de volverme a casar, convirtiéndome así en el orgulloso papá de otros dos adorables hijos.

Quince años después, todos los hijos han crecido y

siguen siendo maravillosos, pero todo lo demás se ha ido
—matrimonios, hogares, negocios. Sin embargo, hoy
soy un exitoso vendedor de bienes raíces, estoy seguro de
saber que, si dispongo de tiempo, recobraré todo.

Ahora permítanme detallar mi lista de cosas por hacer:
continuar produciendo montones de dinero, encontrar a
doña Perfecta, comprar una nueva casa, criar una nueva
familia, y ya estoy completo, ¿cierto? ¡No! Siempre creeré
que en ese momento, a mi modo de ver, Dios levantó las
manos, y dijo: "¡Ya es bastante! ¿Qué tengo que hacer?
¡Fulminar con el rayo a mi criatura? Un momento, ya sé
qué hacer —una enfermedad que amenace su vida lo
hará mirar en la dirección correcta. O eso, o lo matará.
¿Qué hacer, qué usar? Cáncer, eso es, cáncer. ¿Pero de
qué clase? No sólo del que amenaza su vida, sino del que
amenace también su virilidad; él le pondrá atención a
eso. Eso es, cáncer de la próstata. Yo soy muy omni-
sapiente".

No puedo encontrar otra respuesta sino que la divina
Providencia me sugirió hacerme un completo examen
físico y también salir de dudas en cuanto a mi potencia
viril, lo cual me llevó a descubrir que tenía la próstata
enferma. Los exámenes posteriores indicaron que el
cáncer era operable, pero que si no actuaba decisivamente
y permitía que el cáncer se extendiera, estaría contando
los meses que viviría y pasando esos días en el hospital y
en dolorosos y debilitantes tratamientos. Los médicos
me explicaron todas las opciones —por lo menos las que
podía ofrecer la ciencia médica— pero la mejor parecía

ser la remoción total del órgano ofensor. No sería padre natural de más hijos, puesto que la próstata es la glándula que produce el semen, que lleva el esperma. Yo podía soportar eso —literalmente. Además, cualquiera de las opciones curativas podía volverme incontinente, hasta impotente. Justo lo que necesitaba oír... pero también podía soportarlo.

En este punto, debo mencionar que todos tenemos varios talentos especiales —también hay, por lo general, uno sobresaliente. Yo ya había reconocido y expresado mis habilidades empresariales, sociales y familiares. Había hecho eso —pero había olvidado por completo mi talento más singular, la expresión desinhibida de mi fértil imaginación mediante la literatura creativa y los medios cinematográficos. Percibía la impaciencia de Dios, de modo que, mientras me hacían rodar hacia la sala de operaciones, hice un pacto con mi Hacedor. Yo pondría de mi parte para actualizar por completo las bendiciones de los talentos que Dios me ha dado, si Él me permitía apenas salir con vida de ésta. Hice voto de no desperdiciar más tiempo haciendo otra vez lo que ya había demostrado que podía hacer bien; no me resistiría más al ejercicio y desarrollo de mis talentos artísticos, puesto que, obviamente, eso era lo que me habían puesto a compartir en este mundo.

Para cumplir mi acuerdo, estoy escribiendo este breve recuento en el que les digo que el cáncer no se extendió, la operación tuvo éxito en sacarme la enfermedad del cuerpo, y mis exámenes más recientes muestran que estoy libre del cáncer. La amenaza de esa enfermedad mortal me ha impulsado a hacer lo que no hubiera hecho antes —crear lo mejor que yo pudiera, llevándome a completar mi primera novela y más adelante una película de mi propio trabajo literario.

En el momento tengo un empleo estable, al que me refiero como "mi empleo de día". Éste da para poner la comida en la mesa, el techo sobre mi cabeza y hasta permite algunos lujos, tales como el mejor equipo para producir mi trabajo escogido y el tiempo para hacerlo. Nunca he sido más feliz. La excitación y el éxtasis que llenan mi vida vienen de saber que estoy haciendo honor a mi verdadera esencia y aprovechando esta segunda oportunidad de realizar el destino de mi vida —al expresar triunfalmente, por escrito, mi pasión desatada. A propósito, eso es lo que estoy haciendo ahora mismo.

Robert H. Doss

El mejor de los tiempos

El 10 de abril de 1995, mi hermano Jonathan, de 36 años, y hasta entonces muy saludable, tuvo un ataque mientras almorzaba en el trabajo. Por azar, el gerente de la oficina oyó un golpe, fue al despacho de mi hermano y lo encontró caído en el suelo. De inmediato nos avisó por teléfono. Yo me quedé con Heather y Elizabeth, mis dos sobrinas pequeñas, mientras mi madre y Cindy, la esposa de Jonathan, corrían al hospital. Nos dijeron que estaba consciente y que iban a hacerle exámenes para determinar la causa del ataque.

La primera llamada telefónica confirmó que los primeros exámenes acostumbrados habían resultado negativos, pero que había una zona gris en la radiografía del cerebro que querían volver a examinar. "Tumor cerebral", pensé mientras miraba jugar a sus dos hijas. Cuando Cindy volvió a llamar, confirmó lo impensable.

Le dije a Heather que su papá tenía que pasar la noche en el hospital. Se puso a llorar. Le aseguré que iba a mejorarse. ¿Qué más podía decirle? Tenía que estar bien. Iba a estar bien.

Hicimos las maletas de las niñas y nos las llevamos a

nuestra casa a pasar la noche. ¿Tumor cerebral? Era duro de asimilar. Sentada en nuestra cocina, tomando sopa de fideos, la mayor comenzó a llorar otra vez. La alcé en mis brazos y ella me abrazó; sus lágrimas disminuyeron un poco. La menor, todavía en esa edad de feliz egocentrismo, no comprendía la enormidad de la situación. Más tarde, comimos palomitas de maíz y vimos *El rey león*. La mayor me dijo que se sentiría mejor si esa noche yo dormía en el mismo cuarto con ella.

Un día de la semana anterior a su ataque, Jonathan se despertó sintiéndose un poco mareado, desorientado y adolorido. Él y Cindy atribuyeron esos síntomas a la deshidratación, y el dolor de espalda a haber llevado a la niña mayor sobre los hombros en el zoológico. "Tumor cerebral" no es una idea que venga a la mente. ¿Cómo podía saber él que había tenido un ataque durante el sueño la noche anterior? En el curso de pocos días se había sentido mejor.

La información sobre su condición que teníamos hasta entonces era positiva de tumor cerebral. Era enorme. Del tamaño de un huevo grande o una naranja pequeña, decían. El tamaño y la forma indicaban que era benigno, no canceroso. Debía haber estado creciendo dentro del cerebro de mi hermano el científico durante dos o tres años, según lo calculaban, sin síntomas significativos.

La operación se programó para el jueves, con un cirujano tenido en alta estima. Fui a visitar a mi hermano el miércoles para llevarle regalos y flores y los deseos de que se recuperara, de parte mía y de nuestra hermana, quien vivía en otro Estado. Se veía muy mal y parecía desorientado. Decía que el tumor estaba adherido a una membrana adyacente al cerebro. Por lo menos no estaba adherido al propio cerebro, pensaba yo.

El jueves, nuestros padres, Cindy y yo fuimos temprano al hospital para desearle a Jonathan que le fuera bien antes de que lo prepararan para la operación. Ésta podía durar entre 2 y 5 horas, decían. Dos horas, si el tumor era blando y se podía remover fácilmente. Cinco, si era duro y había que quitarlo más lenta y cuidadosamente. Una vez que el cirujano empezó la operación, descubrió que el tumor era duro y estaba adherido al cerebro. Era necesario quitar una porción del cráneo de 4 × 4 pulgadas. La operación necesitó todas las 5 horas.

Más tarde, una hora después, pudimos ver a Jonathan. Se veía maravillosamente para ser alguien que acababa de sufrir una operación del cerebro. Aunque tenía la cabeza envuelta en vendas, ni siquiera le habían afeitado todo el pelo.

El sábado pudo salir del hospital. El domingo de Pascua fui a cenar a su casa, que parecía una floristería por todos los ramos que le habían enviado. Asistieron por lo menos 20 invitados. Cindy planeó una cena estupenda, dándole a él vacaciones de la cocina, tarea que usualmente hace. Heather y Elizabeth volvieron de la temporada que estaban pasando con sus otros abuelos y, obviamente, se sentían felices de tener a su papá otra vez en casa. En broma, yo dije que él era una curiosidad —un científico de cohetes con cirugía del cerebro.

Como persona de la más reciente "generación X" (nacida en 1963), a veces me canso de oír hablar de "los viejos buenos tiempos" cuando tantas cosas son mejores ahora. Éstos son los mejores tiempos que hay, y mi hermano es una prueba viviente de eso.

Joanne P. Freeman

2

SOBRE EL VALOR Y
LA DETERMINACIÓN

Si me preguntaran cuál consejo considero yo más útil para toda la humanidad, el que daría sería éste: Espere la dificultad como parte inevitable de la vida, y cuando llegue, mantenga la cabeza en alto, mírela a los ojos y diga: "Seré más grande que tú. No puedes derrotarme".

Ann Landers

No sin luchar

*La vida es lo que pasa cuando uno está ocupado
haciendo otros planes.*

JOHN LENNON

Mi vida hasta julio de 1992 era insólitamente plena.
Madre de siete hijos, además tenía un puesto de enseñanza
de tiempo completo y era restauradora de casas viejas.
Era positiva, era invencible y dependía grandemente de
mi suerte irlandesa para seguir siéndolo. Al comienzo de
la primavera me acordé de que había pasado varios años
sin hacerme una mamografía. Unas semanas después, mi
hija mayor fue notificada de que la Universidad de
Loyola en Chicago la hizo beneficiaria de una beca para
obtener el grado de *magister*. Me invitó a acompañarla a
Chicago a buscar un apartamento. Yo estaba emocionada
porque con el tamaño de mi familia, rara vez tenemos la
oportunidad de pasar largos períodos las dos solas. Al
verificar mi calendario, me di cuenta de que tenía una cita
a las 10 de la mañana el mismo día, para mi examen.

Estuve tentada de cancelarla y pedir otra. Sin embargo, pensé que podía cumplir mi cita y salir de inmediato para Chicago.

Todo anduvo normalmente hasta que el técnico regresó al consultorio y me dijo: "Señora Brindell, me gustaría tomarle otra radiografía del lado izquierdo". Irritada por tener que soportar otro procedimiento incómodo, acepté con cierta vacilación. El tiempo pasaba rápidamente y me encontré mirando el reloj. ¿No sabía esa gente que yo tenía una cita importante con mi hija? No quería decepcionarla. Llegué a pensar en vestirme y salir. ¡Después de todo no era culpa mía si el técnico quería tomar una vista más clara! Por alguna razón, me quedé y el técnico volvió diciendo: "El doctor quiere otra radiografía".

Esta vez quería una toma más profunda. "Dios mío", le dije, "si esta máquina es lo último en inventos tecnológicos de Suecia, ¿no tienen allá mujeres de senos completos? ¡Ya me está empezando realmente a doler!" Repetimos el procedimiento cinco veces. El torso me dolía y por fin le dije: "A ver, ¿qué es lo que está pasando? Tengo que estar en un lugar a la una de la tarde".

El técnico amable que hasta ese momento había sido tan agradable, súbitamente me dijo muy serio: "Espere aquí, voy a llamar al radiólogo". El cuarto se convirtió en un agujero vacío y el tiempo se detuvo.

El radiólogo abrió la puerta para asomarse y decirme: "¿Se acuerda de ese pequeño bulto que tenía en el lado izquierdo? Bueno, ha cambiado de tamaño y de densidad".

"¿Eso qué quiere decir, doctor?"

"Quiere decir que puede ser cáncer. Me gustaría hacer una biopsia. La llamaremos el lunes para decirle cuándo". Aturdida, me vestí despacio. ¡A mí no! De ningún modo, no a los 48. La vida realmente estaba comenzando para mí. Todas las cosas en verdad buenas apenas empezaban a pasar. Mientras manejaba ese día hacia casa, resolví que no iba a permitir que los sucesos de esa mañana interfirieran con mi fin de semana en compañía de mi hija. Pero por más que traté de olvidarlos en los días siguientes, sentía que tenía un nuevo compañero y no estaba segura de que fuera un visitante bienvenido.

A mi regreso a San Luis, el ritmo se aceleró. La biopsia indicó cáncer. Mi esposo durante 24 años es un hombre dedicado, pero cuando se trata de dar apoyo emocional en momentos de estrés, no se puede contar con él. Los chicos también continuaron en sus propias cosas. Pronto me di cuenta de que, si iba a ser capaz de atravesar todo este "lío", tendría que recurrir a la fuerza interior que nos ha hecho tan famosas a las mujeres irlandesas. ¡Y a ella recurrí!

El 8 de julio de 1992, el día del 25° aniversario de mi matrimonio, me llevaron a la sala de operaciones. Recuerdo haber dicho a mi marido: "Bueno, Bob, hay quien hace un crucero en su 25° aniversario, ¡yo tengo que hacerme operar!". El cirujano vino a mi cuarto al día siguiente para decirme que encontró dos tipos de células cancerosas: uno, células con base de estrógeno y el otro células muy agresivas. En ese momento supe que me había encontrado con un enemigo a mi medida ¡pero me negué a caer sin luchar!

Mi recuperación fue muy dolorosa. No podía dormir. El dolor era incesante. No podía mover el brazo. Lenta, muy lentamente, empecé a hacerme cargo. Localicé a un fisioterapeuta que me indicó unos ejercicios para trabajar los músculos del brazo, encontré a un nutricionista para seguir una dieta mejor, y me preparé para la terapia de irradiaciones que pronto me iban a hacer.

Aunque parezca cosa de locos, al día siguiente de llegar a casa me fui al patio de atrás y comencé a hacer un nuevo sendero. Todos los días, con un solo brazo, llenaba cubos con trozos de concreto. Tenía que probarme a mí misma. Me fijaba metas y trabajaba para alcanzarlas. Después de todo, tenía un puesto de maestra al cual volvería dentro de unas semanas y no iba a dejar que el cáncer me detuviera.

Recibí la terapia de irradiación todas las tardes después de enseñar todo el día. Me esforcé mucho por no perder ningún trabajo durante ese período. No quería que mis colegas pensaran que porque tenía cáncer ya no era una maestra de calidad. ¡En octubre de 1992, sentía que había ganado la batalla!

Luego, a comienzos de diciembre, me encontré otra vez en el consultorio del cirujano para un chequeo. Estábamos charlando cuando se inclinó, me tocó en la nuca y me dijo: "¿Desde hace cuánto que tiene esa protuberancia?". "Pues, hace cerca de un año. Mi médico general piensa que es un nódulo artrítico". Mi familia insistió en que me tomara un día libre y atendiera la sugerencia del doctor. Otra biopsia, ¡qué perdida de tiempo! La Navidad estaba a la vuelta de la esquina y yo me encontraba ocupada con los preparativos.

Otra vez me metieron a cirugía. Esta vez el diagnóstico fue cáncer de la tiroides. Más costuras, más terapia, más dolor. ¡Había caído pero no estaba fuera!

En la soledad de mi cuarto de recibo recuerdo estar pensando que el primer cáncer había sido una molestia, pero que la segunda vez me decía que pusiera mi "casa" en orden. Entonces cambié de modo de pensar. Decidí que dolerse era necesario, pero que si me empantanaba en la lástima por mí misma la vida que me quedara iba a ser aburrida.

Me fijé metas otra vez. ¿Qué quería hacer realmente con el resto de mi vida? Siempre había pensado que enseñar en el nivel universitario sería fascinante. Mañana por la tarde empiezo a dar mi primera clase. Me siento bien por ese logro.

Di pasos positivos para gozar de las cosas pequeñas. Ahora saco tiempo de las tareas de la casa para ir a los partidos de fútbol de los chicos. Me gusta sentir la brisa del otoño mientras mi hijo juega pelota. Disfruto de la primavera cuando los árboles reverdecen. Los placeres simples producen gran felicidad. Este verano, mientras esperaba que comenzara un partido de béisbol, bajé a la quebrada vecina, me quité los zapatos y caminé entre el agua. Mientras el agua me pasaba sobre los pies me di cuenta de lo simple que es el plan de Dios y, sin embargo, de lo complicado que volvemos esta tierra nosotros, los seres humanos.

He aprendido a ser compasiva. Ahora sé que en el espectro del tiempo todos los seres humanos trabajan hacia una meta suprema. Tengo un sentido último de paz que antes no tenía. Nada importa en realidad fuera de esas verdades que existen en nuestro propio corazón. Sólo se necesita mirar profundamente para encontrarlas.

Me esfuerzo mucho por no estar triste. Cuando surgen las dificultades confío en que duren poco, y luego las cosas mejoran.

¿Hubiera aprendido esta lección sin el cáncer? ¡Probablemente no! ¿Qué espera más adelante a esta sobreviviente? La vida, el saber y el amor.

Mary Helen Brindell

Maestro de Nintendo

Cuando te vi por primera vez, pensé: Maestro de Nintendo. Tenías esa intensidad alrededor. Tus penetrantes ojos azules y la manera como tus manos se movían con rapidez por los botones de control, eran sutiles muestras de tu destreza de experto.

No parecías muy distinto de los otros locos por el vídeo de 10 años de edad, pero lo eras. Supongo que el hecho de que era verano y ambos estábamos varados en el pabellón de oncología del hospital traicionaba cruelmente la naturalidad con que tratabas de presentarte. O tal vez fuera el hecho de que nos habían despojado prematuramente de la inocencia de la niñez, y a mí me confortaba saber que había alguien más que estaba igual que yo. Sólo puedo especular, pero lo que sé de seguro es que me vi atraída por tu energía y tu gusto por la vida.

Era el verano de mis primeras operaciones de poscáncer. Los médicos trataban de arreglarme la articulación de la cadera izquierda, que se había hecho astillas bajo el intenso bombardeo de la quimioterapia. No era lo único que se había destrozado. También había perdido mi acostumbrada actitud optimista sobre la vida y estaba sorprendida de hasta qué punto podía ser antipática. Esto no me ayudaba a caerle bien a nadie.

Mi operación salió "bien", dijeron los doctores, pero yo tenía un dolor agudísimo.

Te volví a ver en la fisioterapia y me di cuenta entonces de lo que el cáncer te había hecho. Yo quería gritar: "¡Déjenlo volver arriba y jugar sus juegos de vídeo, idiotas!". Pero me quedé sentada allí en un silencio abrumador. Vi cómo te levantabas y empezabas a caminar con la ayuda de las barras paralelas. Antes de que entraras en el salón, estaba sentada en mi silla de ruedas, refugiada en mi propia lástima. Pensaba: "¿No era suficiente el cáncer? Ahora se me pudrió la cadera, y ya realmente no me importa. Si me levanto, me voy a morir".

Tú nunca me conocerás, pero eres mi héroe, Maestro de Nintendo. ¡Con tal coraje y elegancia te levantaste en la pierna que te quedaba! Hay quienes pueden tener el descaro de llamarte lisiado, pero tú estás más completo de lo que muchos podrían desear. Después de dar tu paseo del día, y cuando ya estabas sentado y seguro en tu cama, decidí que era tiempo de que yo también me levantara y diera un paseo. Se me reveló entonces que tú habías sabido de manera innata lo que cuesta más de media vida entender: que la vida es como un juego, que no se puede ganar siempre y, sin embargo, el juego sigue y nos fuerza a todos a jugar. ¡Maestro de Nintendo, tú lo juegas mejor que la mayoría!

Katie Gill

Luchar para defenderse — Batalla de un solo hombre contra un tumor cerebral

Cuando usted llegue al fin de su cuerda, haga un nudo, aguante ¡y colúmpiese!

LEO BUSCAGLIA

Sostuvo el taladro en la mano izquierda, colocó la punta en posición, movió el interruptor y empezó a trabajar. Un agujero, dos, y luego un tercero. Podía haber estado haciendo estantes o remodelando el sótano. Pero éste no era un trabajador común y corriente. Era un cirujano del cerebro, y estaba haciendo los agujeros en mi cabeza.

Yo estaba despierto, tendido en la mesa de operaciones, preparado y envuelto, esperando y oyendo mientras la punta del taladro me atravesaba el cráneo. No había dolor, sólo una leve incomodidad y un "pop" audible cada vez que el taladro penetraba en la dura (la membrana fuerte que cubre el cerebro).

El cirujano terminó de taladrar, luego insertó en cada

agujero un catéter que contenía semillas radiactivas. Cuando las poderosas semillas quedaron plantadas, se tomó una radiografía para verificar que estuvieran en su lugar. Satisfecho con la posición de las semillas, el cirujano me cosió las heridas de la cabeza. Su "proyecto" estaba completo. Mi tumor maligno estaba oficialmente bajo ataque.

Esta pesadilla comenzó hacía cuatro meses. Yo tenía 40 años y en esa época estaba trabajando duro, en largas jornadas como capellán de cirugía del Centro Metodista de Peoria, Illinois. Yo ejercía mi ministerio con los pacientes y sus familias antes, durante y después de la operación. Mientras ésta se practicaba, íbamos de la sala de operaciones a la de espera para informar a la familia sobre cómo iba la misma. Éste era un modo excelente de reducir la ansiedad y de hacer que la experiencia quirúrgica resultara tan positiva como fuera posible para los seres queridos.

Aunque mi trabajo era tremendamente gratificante, también era en extremo exigente. Mis colegas y yo estábamos "de guardia" durante 24 horas al día, siete días a la semana, y durante algunas operaciones, en particular las de corazón abierto, podíamos estar entrando y saliendo de las salas de cirugía hasta por 20 horas seguidas o más. Al trabajar en esas condiciones, no era de sorprenderse que yo tuviera más de lo que me tocaba en materia de dolores de cabeza. La mayoría de las veces no hacía caso del dolor, atacándolo con un par de aspirinas.

Pero en la primavera de 1987, las aspirinas ya no me

servían. Y ahora tenía la visión levemente borrosa. Escribía mal las palabras, me encontré estrellándome con las cosas de vez en cuando. Era claro que el estrés de mi trabajo me estaba afectando. Decidí hacerme un chequeo con el médico de la familia.

El 21 de abril me hicieron un examen de rutina y una serie de pruebas de sangre. Ninguno reveló algún problema. En mayo 7 me hicieron una radiografía que reveló la fuente de mis dolores de cabeza y otros síntomas. Tenía una sombra negra del tamaño de una pelota de golf en el lado izquierdo del cerebro.

El médico me dio la noticia tan directa y suavemente como pudo. Me hizo un rápido dibujo del cerebro y me indicó dónde estaba situado el tumor. "Tiene que hacerse una biopsia la semana próxima", me explicó, "para saber con qué nos enfrentamos. Mientras tanto, quiero que le preparen esta fórmula y que se tome esta medicina para evitar los ataques". Demasiado abrumado para hablar o hacer preguntas, salí del consultorio y regresé a mi oficina. Allí compartí las noticias con mi secretaria, y luego conduje hasta mi casa —ofuscado, atontado, virtualmente paralizado por la conmoción.

Ese día, más temprano, mi esposa Pat y nuestros hijos fueron a visitar a sus padres, que viven en otra ciudad. Yo tenía que estar con ellos, pero estaba demasiado agotado para conducir por mí mismo. El jefe del departamento de cuidado pastoral y su esposa fueron tan amables de llevarme. Llegamos a casa de mis suegros tarde esa noche, y apenas Pat salió a encontrarnos a la puerta, supo que las noticias no eran buenas.

Recuerdo con dificultad qué pasó luego. Llegó el lunes, era tiempo de ver al cirujano. Durante la breve visita, me habló francamente. "El tumor parece ser una forma avanzada de cáncer". Me animó a que le hiciera preguntas, pero en ese momento yo no tenía ninguna. Todavía estaba demasiado atontado para pensar con claridad.

Al día siguiente debían hacerme la biopsia, de modo que esa tarde me interné en el hospital. Como había trabajado allí por siete años, muchos miembros del personal eran mis amigos y me dieron apoyo y atención extraordinarios.

Recuerdo a un enfermero que me tomó una radiografía rutinaria del pecho la tarde anterior a la biopsia. Hablamos mientras me llevaba al departamento de rayos X, y cuando volvimos a mi cuarto me pidió que rezáramos juntos. Este sencillo acto de cariño me conmovió hasta las lágrimas.

Después de una noche en vela, me levanté temprano y recé: "Dios mío, por favor, dame el valor y la fuerza para enfrentarme a lo que pueda traer este día".

Fue una jornada agotadora, y el dolor sólo empeoró cuando mi cirujano nos informó a Pat y a mí de que ciertamente tenía un astrocitoma grado III, lo cual significaba que mi cáncer estaba muy avanzado y mi estado era muy grave. Se sentó callado y esperó mi respuesta.

Una voz salió de ninguna parte para romper el silencio. "¿Cuánto tiempo?", susurró.

"De 6 a 9 meses", contestó el cirujano. "Tal vez un año".

Otra pausa larga… luego otra vez la voz… "¿Cómo va a pasar?"

"Se va a dormir un día", dijo, "y nunca se despertará".

Cerré los ojos y dejé que las palabras me penetraran. Mi muerte estaba en el horizonte… y no había nada que pudiera hacer al respecto.

El cirujano me dejó con Pat, con mis padres, mi hermana y mi cuñado. Pocas palabras se dijeron mientras todos tratábamos de asimilar lo que nos acababan de decir.

A mi salida del hospital, Pat y yo decidimos irnos lejos juntos, para empezar a enfrentarnos al presente y planear el futuro, como pareja. Pasamos una semana en reclusión, hablando, llorando, orando, tratando de encontrar un sentido a todo aquello.

Nos abrazábamos y hablábamos de nuestra vida juntos, de nuestros hijos, de nuestros sueños destrozados. "¿Qué vamos a hacer?", lloraba Pat angustiada. "¿Cómo vamos a seguir? ¡Tengo tanto miedo!"

Mientras veía mi propia desesperación reflejada en los ojos de Pat, de repente me di cuenta de que tenía que recurrir a la fortaleza y al amor de Dios para salir de esa pesadilla. Era como si Dios me dijera: "Eres un ministro ordenado; tu oficio es confortar a la gente. Recurre ahora a mi fuerza, para Pat y para ti, como lo harías con los pacientes y sus familias".

Tomé aire profundamente y declaré: "Voy a luchar para defenderme, Pat. Voy a hacerme irradiar, y a recibir quimioterapia. Sé que el doctor no me ha dado esperanzas de sobrevivir, pero no puedo dejar que esta cosa me venza así no más. Quiero seguir trabajando todo el tiempo que pueda. ¡Trabajar como capellán es mi ministerio, mi vida! Puedo sentir que Dios quiere que yo haga esto, que tiene un propósito para mí".

Cuando regresamos de nuestro alejamiento, más cerca el uno del otro y más cerca de Dios, tratamos de volver a hacer una vida más o menos normal. Celebrábamos las reuniones familiares acostumbradas para mantener abiertos los canales de comunicación. Yo alentaba a todo el mundo —hasta a mi hijo de 7 años— a hacer preguntas, a hablar honradamente y expresar sus emociones.

En esos días creíamos que yo virtualmente no tenía posibilidades de curación, pero luchaba con tratamientos agresivos de quimioterapia y radiaciones, por prolongar mi vida.

Durante la irradiación, yo usaba técnicas de imaginería guiada para ayudarme a superar mis temores y mis ansiedades. Me imaginaba un juego dentro de la cabeza, y cada vez que una figura se tragaba una bolita, un pedacito de mi tumor desaparecía.

Cuando iba a abandonar los tratamientos, mi cirujano me habló de un nuevo procedimiento que se hacía en San Francisco. Lo llamaba "Braquioterapia intersticial", y decía que implicaba la implantación de semillas altamente radiactivas directamente entre el tumor cerebral. Fui de inmediato a la biblioteca del centro médico y leí artículos de periódicos médicos para aprender todo lo que pudiera sobre esta nueva esperanza.

Pat y yo discutimos esta nueva opción con el cirujano, y aunque sonaba aterradora acordamos que tenía poco que perder al adoptarla. Sabía que debía seguir devolviéndole los golpes al insidioso enemigo interior. Mandaron mi historia clínica a California para que se determinara si yo era o no elegible para el procedimiento. Luego nos sentamos a esperar, con temor de hacernos ilusiones y, sin embargo, incapaces de rendirnos.

Pasaron más de 3 meses antes de saber que me aceptaban en el programa. Nos regocijamos con las nuevas.

El 12 de septiembre, Pat y yo volamos a San Francisco. Nos acompañaba mi jefe de departamento, sólo para darnos apoyo moral. Como mi cirujano quería aprender la nueva técnica, iba en otro vuelo.

La operación, el 15 de septiembre, no tuvo problema. Las semillas de radio se colocaron en catéteres y se insertaron entre mi tumor. Después de unas rápidas costuras, volví a mi cuarto donde esperé en aislamiento de radiación mientras mi tumor estaba bajo asedio.

El ataque radiactivo continuó durante 5 días. Luego me quitaron las semillas y volvimos a casa. Cuando entrábamos por el camino del frente, el 23 de septiembre, me puse a llorar al ver un cartel sobre la puerta de mi casa. "¡Bienvenido papá!", decía, en una combinación de colores de crayola. ¡Mis hijos me eran tan preciosos! ¡Tenía tanto por qué vivir!

De regreso en Peoria otra vez, tenía el nuevo reto de reanudar una vida normal. Descansé, me recuperé, y luego volví a trabajar como capellán. Tenía una nueva perspectiva sobre el trauma de la cirugía y el terror de la enfermedad mortal, que me convertía en un capellán más eficaz. Tenía también una nueva responsabilidad importante —aconsejar a los pacientes y a sus familias en la unidad de neurocirugía, sobre todo a los que tenían tumores cerebrales.

Mi salud mejoró, aunque todavía sufría de dolores de cabeza, por tanto conseguí un examen de seguimiento.

Recibí noticias devastadoras. Debía pasar por otra operación para que me sacaran el tumor, ahora encapsulado, y con el tejido asociado destruido.

Pedí fuerzas: "Dios mío, he soportado mucho y tengo otra batalla por delante. Por favor, dame las fuerzas para hacer lo necesario para vivir y continuar con tu trabajo".

El 24 de marzo de 1988, me practicaron una craneotomía. Estuve una semana en el hospital.

Pasé muchos días creyendo que no podía aguantar más. Pero muy adentro sabía que tenía que aguantar, y Dios, mi familia, mis amigos y mis compañeros de trabajo me ayudaron a seguir. Ahora, cerca de 8 años después de mi diagnóstico inicial, aquí estoy todavía, como testimonio viviente de los poderes de la fe y la medicina.

Mi visión periférica se ha ido. Mi forma de hablar se ha

afectado. No siempre puedo ordenar mis pensamientos como solía.

Pero estoy vivo. A pesar de mis limitaciones, se me ha dado un regalo milagroso —ocho años más de vida con mi esposa y mis hijos, ocho años más para servir al Señor en mi calidad de capellán. Ruego por tener muchos más.

Desde mi última operación he pasado muchas horas hablando con gente con tumores cerebrales, y con profesionales de la salud que los tratan. Basado en mi experiencia tanto de paciente como de asistente, creo que hay varias claves para enfrentarse a esta devastadora enfermedad.

La primera es una actitud... un deseo de luchar por defenderse. Es difícil escoger la lucha, pero los pacientes que se lanzan a la ofensiva desde el primer día tienen una oportunidad de sobrevivir mucho mayor que los que se retiran amedrentados.

Pero luchar para defenderse significa controlarse y esto puede parecerles virtualmente imposible a algunos. La única manera de tomarle ventaja a esta fuerza mortífera es ser más listo que ella... y eso requiere información. Yo aliento a todo paciente que conozco a volverse un experto en su enfermedad. Leer y hacer preguntas. Unirse a un grupo de apoyo. Empaparse en información. Agotar toda posibilidad en su búsqueda de conocimiento. Cuanto más sepa sobre los retos a que se enfrenta, mayor será su oportunidad de vencerlos.

Aunque tiene una importancia crítica que el paciente se haga cargo de su enfermedad, es igualmente importante que pida —y acepte— la ayuda de quienes lo rodean. No se gana ninguna gloria al seguir este camino uno solo. Y se puede ganar una fortaleza increíble al aceptar el apoyo de la familia, los amigos, el clero, los médicos, las enfermeras, los trabajadores sociales y, tal vez lo más importante, de otros que tengan experiencias similares. Su ayuda, literalmente puede salvarle la vida.

Mi último consejo es "tomar las cosas día por día". Cuando estaba en las profundidades de la desesperación y otros compartían conmigo esa gastada frase hecha, tenía que contenerme para no reaccionar con violencia. Me enfurecía mucho oírlos pronunciar esa frase. Pero el hecho es que, para sobrevivir, tenía que mantenerme enfocado en el día inmediato. Era demasiado aterrador —y peligroso— apresurarse hacia el futuro. Admito que tuve momentos cuando pensaba en morir y la verdad es que hoy todavía lo pienso. Pero creo firmemente que para asegurarse el futuro hay que vivir en el presente.

Cuando reflexiono sobre mis experiencias de los últimos 6 años, me asombro de cuántos recuerdos positivos tengo realmente. A pesar de los taladros eléctricos y los chasquidos, los tornillos en el cráneo y los ataques, mis memorias más vívidas son las de la gente —mucha de la cual era completamente extraña— que me quiso, me cuidó y rezó por mí y mi familia durante nuestras horas más negras. A esas personas y al equipo de profesionales de la salud de categoría mundial que lucharon en las primeras líneas de esta batalla, les expreso mi más profunda gratitud. He recibido una verdadera bendición, y doy gracias a Dios por la oportunidad de compartirla con otros.

Todavía ejerzo mi ministerio con pacientes de tumores cerebrales y sus familias. Al entrar en el cuarto de cada paciente, me presento diciendo: "¡Qué tal!, soy el capellán Craig. Creo que tenemos algo en común".

Reverendo Robert Craig

Atrévete a soñar

La vida. ¡Qué precioso regalo de Dios! Qué bendición estar vivo en un mundo maravilloso y vibrante de posibilidades sin límite. Entonces la adversidad nos golpea, y ese "regalo" se siente más bien como una maldición. "¿Por qué? ¿Por qué yo?", nos preguntamos. Sin embargo, nunca obtenemos una respuesta, ¿o sí? Después de contraer la enfermedad de Hodgkin a los 7 años de edad y de que me dieran 6 meses de vida, triunfé contra las probabilidades. Llámenlo suerte, esperanza, fe o valor, ¡hay miles de sobrevivientes! Los ganadores como nosotros sabemos la respuesta —"¿Por qué no nosotros? ¡Nosotros podemos manejarlo!". Yo no me estoy muriendo de cáncer. Estoy viviendo con el cáncer. Dios no hace basura, no importa lo que se nos atraviese, y ya no tengo que seguir asustado.

En mi segundo año de secundaria la clase estaba programada para correr la milla. Siempre recordaré ese día porque no había usado pantalones cortos durante 2 años completos a causa de las hinchazones y las cicatrices de la cirugía en la pierna. Tenía miedo de las burlas. Así era, viví con miedo por 2 años. Sin embargo, ese día no me importaba. Estaba listo —calzones, corazón y mente. Apenas había llegado a la línea de partida cuando empecé a oír los susurros altos. "¡Qué gordo!", "¡Qué feo!". Los bloqueé.

Luego el entrenador gritó: "¡A sus marcas, listos, ya!". Me lancé como un avión, más rápido que cualquiera durante los primeros 7 metros. Entonces no sabía mucho sobre cómo mantener el ritmo, pero estaba bien porque había decidido llegar de primero. Cuando íbamos por la primera de las cuatro vueltas, había estudiantes por toda la pista. Al terminar la segunda vuelta, muchos de ellos ya se habían retirado. Renunciaron y estaban en el suelo tomando ansiosamente aire. Cuando comenzaba la tercera vuelta, sólo unos pocos de mis compañeros de clase quedaban en la pista y yo empecé a cojear. Cuando llegué a la cuarta vuelta estaba solo. Entonces, la verdad me golpeó. Me di cuenta de que nadie había renunciado. Lo que pasaba era que todos habían terminado. Mientras corría esa última vuelta, lloraba. Sabía que todos los muchachos y las chicas me habían derrotado, y 12 minutos 42 segundos después de la partida, crucé la línea final y caí al suelo. Estaba muy avergonzado.

De pronto, mi entrenador corrió hacia mí y me levantó, gritando: "¡Lo hiciste, Manuel! Terminaste, hijo. ¡Terminaste!". Me miraba a los ojos mientras agitaba un pedazo de papel. Era mi meta para ese día, que yo olvidé. Yo se la había dado a él antes de la clase. Se la leyó en voz alta a todos. Decía simplemente: "Yo, Manuel Diotte, terminaré la carrera de la milla mañana, pase lo que pase. Ningún dolor ni frustración me detendrán. Porque soy más que capaz de terminar, y con Dios en mi ayuda, terminaré". Se me levantó el corazón, las lágrimas se me borraron, y tenía una sonrisa en la cara como si me hubiera comido un plátano atravesado. Mis compañeros de clase aplaudían y me dieron mi primera ovación de pie. Fue entonces cuando me di cuenta de que ganar no siempre es llegar primero. A veces, ganar es simplemente terminar.

Manuel Diotte

Realizar mis sueños

Creo que el bien se manifiesta en toda experiencia que llega a nuestra vida. También creo que hay un propósito para todo, tanto si sabemos cuál es como si no lo sabemos.

Hace poco más de un año me diagnosticaron un cáncer de seno. Cuando me dieron la noticia quedé anonadada. Lloré cerca de 24 horas, y luego decidí controlar la nueva situación todo lo que pudiera.

Ésta era una enfermedad que les había dado a otras mujeres, pero no a mí. Ahora veo lo ignorante que era. Desde esos días me he vuelto más conocedora del cáncer de seno, y me doy mucha más cuenta. Tengo un nuevo aprecio por la vida, algo de común ocurrencia cuando el cáncer golpea.

Tal vez fue mi llamado a despertar para oler las rosas. Tal vez era lo que necesitaba para motivarme a perseguir metas y cumplir sueños largamente guardados.

Desde que era niña quería ser una autora reconocida. Muy dentro de mí ardía el deseo de escribir y de ver mis palabras impresas. Era mi fantasía, y la suprimí porque me faltaba confianza en mí misma.

Mientras pasaba por la mastectomía, la quimioterapia y más tarde la cirugía de reconstrucción, le escribía casi diariamente a quien había sido mi mejor amiga durante más de 30 años. Ella vive al otro lado del país y las cartas se han vuelto nuestro principal medio de comunicación. A menudo, decimos en broma que estas cartas eran nuestra terapia cuando la vida nos planteaba nuevos y, a veces, difíciles retos. Mi diagnóstico era mi más duro reto hasta el momento, y allí estaba ella conmigo en cada paso del camino, dándome apoyo y cariño constantes.

Poco antes de que me diagnosticaran yo había comprado un computador portátil. Como es natural, lo usaba para escribirle las cartas. Cuando llevaba un par de meses en la experiencia del cáncer de seno, me di cuenta de que mis cartas a Rita podían ser un libro. Como terapia autoimpuesta, mientras pasaba por la quimio, compilé mis cartas.

Siete meses después de mi diagnóstico, mi manuscrito a medio terminar se vendió. De entonces acá lo terminé, y tengo la emoción de decir que mi primer libro, *El valor y el cáncer, un diario del cáncer de seno: viaje del cáncer a la curación,* se publicó en octubre de 1996.

Sin embargo, me quedaban algunas dudas sobre mi habilidad para escribir. Casi 16 años antes cuando era agorafóbica, había reunido un libro de prosas. Era para mí solamente y nunca me atreví a mostrárselo a nadie. Para probarme a mí misma si el libro sobre el cáncer era una chiripa o no, mandé una copia del libro de prosas a mi nuevo editor. Quedé asombrada cuando éste me mandó un contrato por ese libro también. *Amor, miedo y otras cosas que gritan en la noche* se publicará próximamente.

Estaba desempeñando un papel y no tenía intenciones de parar. En menos de un año he vendido tres libros para publicación. Estoy revisando otros dos originales. Y, por supuesto, he comenzado otro.

Mi diagnóstico de cáncer de seno me dio una nueva vida. Nunca hubiera pedido de manera consciente esta enfermedad, pero estoy agradecida de que me haya ayudado a realizar mis sueños.

Marilyn R. Moody

Chris — Un escolar especial

Era Navidad otra vez. La misma magia que en este tiempo llena el aire todos los años, estaba en los corazones de casi todos los escolares esa fría tarde de diciembre —una de las últimas antes de las vacaciones. Como es costumbre en esos días, los de cuarto y quinto grados estaban viendo una película de Navidad. La magia que estaba en el aire para la mayoría, no existía para un niño de quinto que llevaba una carga mucho más pesada que la que debía llevar cualquier niño de 10 años.

Mientras cantaban los villancicos, el corazón de Chris se hacía más y más pesado a cada instante. Se levantó de un salto y salió corriendo a meterse en el auto de su madre, quien, como yo, era maestra en la pequeña escuela rural. Otras compañeras me animaron a ir a hablarle. ¿Cómo se le habla a un niño de 10 años que sabe que tiene cáncer, que probablemente tendrá que sufrir la amputación de una pierna y que se enfrenta a meses de tratamientos de quimioterapia? Estoy segura de que tenía la incesante preocupación de que se podía morir.

Yo no era sólo la maestra de Chris. Compartía el dolor y la angustia que estaba sufriendo. Apenas el diciembre último, tampoco yo encontraba la magia en el aire. Ese diciembre me operaron y me dieron la noticia de que me habían encontrado un cáncer. El mío era operable, pero me había pasado todo el año en tres operaciones, dos en el término de un mes, y la otra 6 meses después. También me hicieron tratamiento de quimioterapia.

¿Cómo podía hablarle? Ésa era la pregunta que me hacía mientras lenta y vacilantemente salía del edificio para ir a hablar con Chris. Lo único que podía hacer era tomarle la mano y llorar con él. Me hacía preguntas y yo trataba de contestarle en palabras que él pudiera entender. Cuando le dije que tenía que ir a revisión cada 3 meses, me dijo que de verdad deseaba estar en posición de que le hicieran revisiones. Traté de explicarle que los problemas por los cuales pasamos nos fortalecen y que tal vez él sería capaz de ayudar a otra persona algún día. Por último, cuando ese día volvimos al edificio, éramos dos corazones que compartían el peso de la carga.

En enero llegó el doloroso y temido día. Le amputaron la pierna. Chris volvió a la escuela pocas semanas después. Pronto le pusieron una prótesis. Los niños de la escuela se encontraban fascinados porque Chris se podía quitar la pierna. Fueron muy comprensivos y muy útiles. Además de las chaquetas y las gorras, no era raro que tuviéramos una pierna en el armario. Los otros alumnos siempre estaban dispuestos a pasarle sus muletas o su pierna. Para cualquier cosa que necesitara estaban listos y oportunos. Fue un año duro, pero gratificante en cuanto al cuidado y la entrega de los otros alumnos.

Cuando el invierno se convirtió en primavera, los tratamientos de quimioterapia le hicieron pagar su precio a Chris. Perdió todo el pelo. Durante un tiempo trató de usar una peluca de buen aspecto que su madre le compró. Un día muy caliente y húmedo, sin un soplo de aire, en la mitad de una clase la peluca caliente salió de la cabeza. No importaba cómo se viera, en ese momento su comodidad era más importante que su orgullo. Después de otro día muy caliente de educación física afuera, esa primavera, como luchaba con las muletas, le sugerí que pasara a la cabeza de la fila para tomar un sorbo de agua. Los otros alumnos lo animaron a que lo hiciera, pero nos hizo saber que haría cola como todos los demás. El único privilegio especial del cual gozaba realmente era el de poder usar gorra en el interior de la escuela para taparse la cabeza calva.

Un día, un hombre mayor que había sido maestro y rector antes de retirarse, vino a visitar a los alumnos y a hablarles de un concurso especial que estaba patrocinando un club cívico. Este hombre especial solía bromear con los alumnos y hablarles de la importancia del patriotismo y de la escuela. Ese día en particular, Chris estaba sentado allí con su gorra puesta. Este hombre tan patriota fue hasta donde él estaba, le quitó la gorra y le dijo: "Muchacho, quítate el sombrero cuando estés dentro de la escuela". Al quitar la gorra de la cabeza de Chris, una expresión de sorpresa, lástima y remordimiento, todo al mismo tiempo, le llenó la cara. Chris no hizo más que mirarlo, sonreír, tomar su gorra y volver a ponérsela. En ese momento creo que incluso sentí más empatía por el hombre que le había quitado la gorra, que por Chris.

Durante todos los problemas de salud a los que tuvo que enfrentarse, Chris nunca perdió el coraje ni la fe. Él y su familia comenzaron esta ordalía cuando apenas se habían recuperado a medias de un terrible accidente, 5 años antes, donde su padre y su abuela se mataron, y Chris resultó seriamente herido. ¿Cuánto más puede resistir un muchacho? Estoy segura de que es una pregunta que mucha gente se hace.

Chris y yo estamos muy bien ahora. En diciembre hará 8 años que tuve cáncer. Siento que estoy mejor calificada como maestra por lo que me pasó. Me ha servido para comprender y ayudar a los alumnos que pueden tener miembros de la familia que sufran de cáncer u otras enfermedades graves. Espero no tener otros alumnos con nada parecido a lo que Chris tuvo que enfrentar, pero si los tengo haré lo mejor que pueda para ayudarlos.

En octubre hará 7 años que le diagnosticaron cáncer a Chris. ¡Somos sobrevivientes! Ambos sabemos que fue el Señor quien nos llevó a través de los duros tiempos. Chris se gradúa de secundaria el año que viene. Es un muchacho estupendo que pronto entrará a la universidad y seguirá una carrera. Estoy segura de que escogerá una carrera que implique ayudar a otros. Es esa clase de muchacho.

Louise Biggs

Mi héroe

Es jueves, yo odio los jueves. Hoy, multitudes de padres e hijos hacen largos viajes para llegar a su destino... el infierno. Es un lugar ruidoso y lleno de gente. Es un lugar donde la gente no sonríe, un lugar en el cual el temor y el dolor acechan a la vuelta de la esquina. Yo salgo del ascensor en el cuarto piso, doblo la esquina demasiado conocida, y me siento en una silla incómoda. Tengo mucha gente a mi alrededor y, sin embargo, estoy sola. Aunque mi viaje acaba de empezar hoy, no es un viaje desconocido. He estado aquí muchas veces antes. Veintiún surcos en cada baldosa. Los he contado a menudo. Me acomodo en mi silla porque sé que puede pasar algún tiempo antes de que digan mi nombre. De pronto, oigo un ruido extraño. Es una risa. A duras penas puedo creerlo porque nadie se ríe el jueves. El jueves es día de quimioterapia en el 4B.

Repaso la congestionada recepción, buscando la procedencia de la risa. Observo a un niño detrás del otro y a un padre tras otro. Todos tienen el mismo aspecto —cansado y aterrado. Estoy segura de que están pensando: ¿Por qué el tratamiento es peor que la enfermedad? Mis ojos se detienen en una madre en particular que tiene alzado a su bebé, un niño de unos 8 meses. La risa es suya. Está saltando en las rodillas de su madre. Es obvio que éste es su juego favorito. La cara de la madre es una sola gran sonrisa. Goza enormemente de los breves momentos de felicidad en la corta vida de su hijo. Se da cuenta de que puede pasar un buen tiempo antes de que él tenga la fuerza necesaria para sonreír otra vez. Él, también, ha sido escogido para sufrir un destino injusto e incierto. Los ojos se me llenan de lágrimas.

Le doy vuelta a mi asiento para ver mejor al bebé. Miro fijamente su cabecita calva. La calvicie no es rara en un niño, pero yo sé por qué éste no tiene pelo. De repente me pongo furiosa conmigo misma. Detesto que se me queden mirando; sin embargo, aquí estoy haciendo lo que detesto.

Cambio otra vez de posición y me hundo más profundamente en la silla. Una corriente de emociones —rabia, temor, tristeza, piedad— me atraviesa. Quedo profundamente inmersa en mis pensamientos durante un largo rato. Una voz resonante interrumpe mi ensimismamiento. Es la enfermera que llama a la madre y al niño al infierno. De inmediato cesan los saltos y las risas. La madre toma a su hijo. Cuando pasan junto a mí, miro otra vez al bebé. Está completamente calmado. Tiene los ojos brillantes y en su carita hay una expresión de completa confianza. Sé que no olvidaré nunca esa expresión.

Éste no es sino uno de muchos jueves. Sin embargo, en éste en particular, en los muchos meses de una serie de

tratamientos que parecía interminable, aprendí una
lección de un bebé pequeño. Él me cambió la vida. Me
enseñó que la rabia, las lágrimas y la tristeza son sólo para
quienes se han rendido. Me enseñó también a confiar.
Esto lo llevaré siempre conmigo. Hoy día a mi pequeño
héroe le va muy bien. Su último tratamiento está a la vista
y su futuro parece brillante. Puedo decir honradamente
que estoy un poco sorprendida. Ese bebé de ojos brillantes
se veía tan pálido y tan enfermo ese día. Sin embargo, eso
era antes de que yo aprendiera a confiar.

Todos, algunos más pronto que otros, deben soportar
su "infierno en la tierra" personal. Es importante seguir
buscando las pequeñas alegrías, aunque a veces sean las
más esquivas. Confiar en que esas alegrías aparecerán, a
veces inesperadamente, y a menudo en los momentos
más sombríos de la vida… por ejemplo, en la sonrisa de
un niño.

Katie Gill

Manténgase aguantando

En 1986, la actriz Jill Eikenberry terminó el argumento de un nuevo programa de televisión —L.A. *Law [La ley de Los Ángeles]*. Ella y su marido, el actor Michael Tucker, estaban emocionados con las posibilidades del programa. Planeaban dejar su casa en Nueva York y mudarse a Los Ángeles, si la NBC aceptaba el argumento.

De pronto, su futuro color de rosa se ensombreció. En mayo, el médico de Jill le dijo que tenía cáncer de seno.

"La noticia era algo que no esperaba de ningún modo", me decía la actriz. "Al principio pensé que me iba a morir y que eso era todo. Pasé un rato sin hacer otra cosa que quedarme tendida en la cama, llorando, sin poder imaginarme cómo iba a arreglárselas mi familia sin mí".

El esposo, Michael Tucker, también estaba asustado. "Me acuerdo del momento cuando el médico dijo 'es maligno'. Nunca he estado tan asustado en mi vida. Pensé que iba a perderla". Pero Tucker y su esposa se dieron fortaleza uno a otro. "Michael y yo nos abrazamos durante un largo rato. Eso nos ayudó", dice Jill.

Luego, varios días después de enterarse del diagnóstico, Jill fue a la proyección de una película que había hecho hacía poco. Una de las otras actrices de la película estaba allí, y cuando la joven vio a Jill le preguntó si algo andaba mal.

"Me desahogué con ella por completo", me decía Jill. "Y ella me llevó donde su madre, que también estaba presente. Cuando ésta oyó la historia, me tomó por un brazo y me llevó al baño de señoras. Se levantó la blusa y me dijo: 'Mira, esto ocurrió hace 11 años. Tengo una cicatriz aquí y eso es todo lo que tengo que me recuerde el cáncer de seno. Esto también puede pasarte a ti'.

"Era la primera vez que se me ocurría siquiera que había esperanza, que podía no morirme", decía Jill. "Sus palabras me dieron el valor para buscar una segunda opinión. El primer doctor me había dicho que lo mejor era una mastectomía, pero el segundo dijo que no, que yo era una buena candidata para una lumpectomía".

De manera que Jill optó por la lumpectomía, un procedimiento menos radical. La operación fue exitosa, pero el tratamiento no terminó. Cuando Jill empezó a filmar los episodios corrientes de *La ley de Los Ángeles*, salía de los estudios todos los días a las 3:30 p.m. para ir a su tratamiento de irradiaciones.

"Estaba exhausta", dice Tucker. "Cuando llegaba a casa descansaba el resto de la noche, y luego, de vuelta al trabajo el día siguiente. Y así fue como hicimos los primeros tres o cuatro episodios de *La ley de Los Ángeles*".

Jill me decía cómo se sentía. "Sólo tenía que mantenerme aguantando", contaba. "Y hoy todo el mundo me dice: '¡Ay!, eso debió de ser tan duro para ti'. Y lo era. Pero si tienes algo más por hacer, te ayuda. Seguir trabajando era muy terapéutico. Estaba interpretando el papel de Ann Kelsey, un personaje muy fuerte, agresivo y confiado. Creo que realmente eso me ayudó a salir adelante. Hoy estoy celebrando mi quinto aniversario de estar libre del cáncer".

"Una vez que has peleado con algo como el cáncer y has ganado, no hay muchas cosas que te den miedo. A mí me daba miedo volar, pero ya no. Después del cáncer, uno ha visto lo que todos nos pasamos un largo tiempo negando. Uno ha mirado a la muerte en la cara. De manera que ahora el miedo desempeña, en mi vida, un papel mucho menos importante que antes".

Jill Eikenberry se mantuvo aguantando y descubrió que el cambio y los reveses pueden fortalecernos.

Erik Olesen

3

SOBRE
LA ACTITUD

Nuestra actitud al comienzo de una empresa difícil es lo que determina su resultado, más que cualquier otra cosa.

William James

El mejor día de mi vida

¡Hoy día, cuando me despierto, de pronto me doy cuenta de que éste es el mejor día de toda mi vida!

Hubo momentos en los que me preguntaba si alcanzaría el día de hoy; ¡pero lo alcancé! Y por haberlo alcanzado, ¡voy a celebrar!

Hoy, voy a celebrar qué vida increíble he vivido hasta el momento: los logros, las muchas bendiciones y, sí, hasta las dificultades, porque ellas han servido para fortalecerme.

Pasaré este día con la cabeza en alto y el corazón feliz. Me maravillaré de los dones de Dios, sencillos en apariencia: el rocío de la mañana, el sol, las nubes, los árboles, las flores, los pájaros. Hoy, ninguna de esas milagrosas creaciones pasará sin que yo la note.

Hoy, compartiré mi emoción ante la vida con otras personas. Haré sonreír a alguien. Me saldré de lo habitual para realizar un gesto de amabilidad hacia alguien a quien ni siquiera conozco. Hoy, elogiaré sinceramente a alguien que parezca deprimido. Le diré a un niño lo especial que es, y a alguien a quien amo le diré cuán profundamente me interesa y lo mucho que significa para mí.

Hoy es el día cuando dejo de preocuparme por lo que no tengo y empiezo a agradecer todas las cosas maravillosas que Dios ya me ha dado. Recordaré que preocuparse no es más que una pérdida de tiempo porque mi fe en Él y en su plan divino me asegura que todo saldrá como debe ser.

Y esta noche, antes de acostarme, saldré y levantaré los ojos al cielo. Me asombraré reverente ante la belleza de las estrellas y la luna, y alabaré a Dios por esos magníficos tesoros.

Cuando el día se acabe y mi cabeza repose en la almohada, le daré gracias al Todopoderoso por el mejor día de mi vida. Y dormiré el sueño de un niño satisfecho, emocionado con la expectativa, ¡porque sé que mañana será el mejor día que haya habido nunca en mi vida!

Gregory M. Lousig-Nont, Ph.D.

El amor es más fuerte

Tener una meta basada en el amor es el seguro más grande del mundo.

Si le hubieras preguntado a mi papá por qué se levantó por la mañana, su respuesta te hubiera parecido pasmosamente simple: "Para hacer feliz a mi esposa".

Mamá y papá se conocieron cuando tenían 9 años. Todos los días, antes de la escuela, se encontraban en una banca del parque, con sus tareas. Mamá le corregía el inglés a papá y él hacía lo mismo con las matemáticas de mamá. Cuando se graduaron, mis maestros decían que ambos eran el mejor "estudiante" de la escuela. ¡Nótese el singular!

Se tomaron un tiempo para construir su relación, aunque papá siempre supo que ella era la chica para él. Se dieron el primer beso a los 17 años, y su romance continuó creciendo hasta los 80.

Cuánto poder creaba su relación, fue algo que salió a la luz en 1964. El médico le dijo a papá que tenía cáncer y que, según estimaba, le quedaban de 6 meses a un año de vida, como mucho.

"Lamento estar en desacuerdo con usted, doctor", le

dijo mi padre, "pero yo le diré cuánto tiempo tengo. Un día más que mi esposa. La quiero demasiado para irme de este planeta sin ella".

Y así fue, para el asombro de cualquiera que no conociera realmente a esta pareja enamorada. Mamá murió cuando tenía 85 y papá la siguió un año después, a los 86. Cerca del fin, nos decía a mis hermanos y a mí que esos 17 años habían sido los mejores 6 meses que había pasado en su vida.

A los magníficos médicos y enfermeras del Centro Médico del Departamento de Veteranos, de Long Beach, les parecía un milagro andante. Mantenían una vigilancia cariñosa sobre él y no se podían explicar cómo un cuerpo tan devastado por el cáncer podía seguir funcionando tan bien.

La explicación de mi papá era sencilla. Les informó que había sido enfermero en la Primera Guerra Mundial, que por eso vio piernas y brazos amputados y notó que ninguno de ellos podía pensar. De modo que había decidido decirle a su cuerpo cómo comportarse. Una vez, al levantarse, como era evidente que sentía un dolor agudísimo, se miró el pecho y gritó: "¡Cállese! Tenemos una fiesta aquí".

Dos días antes de dejarnos, nos dijo: "Muchachos, estaré con su madre muy pronto y algún día, en algún lugar, todos estaremos juntos otra vez. Pero tómense su tiempo para alcanzarnos. Su madre y yo tenemos mucho de que hablar para ponernos al día".

Se dice que el amor es más fuerte que los muros de una

prisión. Papá demostró que era mucho más fuerte que las pequeñitas células del cáncer.

Bob, George y yo seguimos aquí, armados con el último regalo de papá.

Una meta, un amor y un sueño te dan un control total sobre tu cuerpo y tu vida.

John Wayne Schlatter

El poder de escoger

Cuando una puerta de felicidad se cierra, otra se abre; pero a menudo seguimos mirando por tanto tiempo la puerta cerrada, que no vemos la que se abrió para nosotros.

HELEN KELLER

Siempre me siento bien cuando estoy en la oficina de Angela Passidomo Trafford. Me siento justificada, nutrida y de cierto modo mejor conmigo misma. En esta ocasión estaba allí para hablar del taller que ella estaba preparando ese mes con el conocido médico y autor, Bernie Siegel.

Cuando le pregunté cómo escogió el título del taller, "El poder de escoger", Angela me explicó: "La mayoría de la gente está paralizada en su capacidad de tomar decisiones y en su capacidad de escoger. Está paralizada por su manera de condicionar el pasado y por la culpa y la vergüenza de ese pasado".

Angela habla por experiencia personal. Como lo cuenta

en su libro *La senda heroica*, el punto crítico de su vida la
llevó al libro de Bernie. Ella tocó fondo de roca después
de descubrir, el mismo día, que había perdido la custodia
de sus hijos y que tenía cáncer. "Me puse de rodillas y le
dejé mi vida a Dios. Le pedí que tomara mi vida y me
mostrara cómo vivir porque me daba cuenta de que yo no
lo sabía.

"Después me encontré a mí misma vagando por la
biblioteca pública; no sabía siquiera qué estaba haciendo
allí. La bibliotecaria se me acercó —yo ni la conocía— y
tenía en la mano el libro de Bernie Siegel, *Amor, medicina
y milagros*. Me preguntó si lo había leído. Cuando le hice
señas de que no, me dijo: 'Bueno, ¡debería leerlo!'. Éste
fue el principio de lo que a menudo llamo un plan divino,
cómo una cosa lleva a la otra y nos pone en contacto con
la idea de que hay un plan para nuestra vida. Entrar en
conexión con una inteligencia superior dentro de todos
y cada uno de nosotros es en lo que consisten la vida y la
curación.

"Mi plan divino continuó desplegándose cuando me
llevé a casa el libro de Bernie Siegel y encontré que ese
eminente cirujano dice cosas que yo había sentido toda
mi vida. Él había promovido toda esa filosofía de
hacerse cargo de la propia vida y de la propia salud, y ser
responsable por los sentimientos. E ir al interior para
curarse.

"Empecé a despertarme temprano por la mañana, y a
dar gracias por el don de la vida. Me daba cuenta de que
aunque me habían quitado todo, todavía tenía esa

asombrosa conciencia de que la vida misma es un gran don, y sentía una tremenda gratitud por ese don.

"Daba un paseo en bicicleta y luego volvía a casa y hacía los ejercicios de visualización y de meditación que se describen en el libro. Un día tuve una visualización de una fuente creativa: unos pajaritos comiendo migajas doradas; los pajaritos eran las células del sistema de inmunidad y las migajas doradas las células cancerosas. Continué esa visualización imaginándome una luz blanca que me venía de la cabeza, fluía a través del cuerpo, y me curaba.

"Durante las tres semanas anteriores a la fecha de mi biopsia quirúrgica, continué meditando todas las mañanas después del paseo en bicicleta, hasta que una mañana, de repente, sentí una tremenda, poderosa luz blanca que pasaba a través de mi cuerpo. Me alarmé y mi mente racional gritó en todo su condicionamiento de temor y desconfianza: '¡Sal, sal afuera, estás sufriendo un ataque al corazón, detén esa experiencia!'. Pero escogí dejarme ir y permitirle a mi ser volverse uno con esa bella luz, esa poderosa energía.

"Después sólo me hundí en el sofá. Y por primera vez en mi vida no tenía ningún pensamiento. Sólo un gran sentimiento de paz. Y sabía que me había pasado algo maravilloso.

"Mi siguiente visita al doctor me confirmó lo que ya sabía. El cáncer había desaparecido.

"Esta experiencia me cambió la vida. Empecé la misión de compartir mi experiencia con otros que se enfrentan a la enfermedad del cáncer. Han pasado muchas cosas desde entonces. Adquirí la custodia de mis hijos, abrí mi empresa, Curación por Uno Mismo, y escribí mi primer libro, *La senda heroica*, que describe mi viaje del cáncer a la curación.

"Creo que ésta es una época en la cual la gente se está despertando a la posibilidad de una mayor alegría en la vida. El universo ofrece innumerables oportunidades de librarse del temor y la culpa, la vergüenza y la rabia, todas las cosas reprimidas en el pasado.

"La salud es una elección. Escogemos ser sanos, escogemos la alegría, escogemos la felicidad. Todas éstas son elecciones que hacemos cuando tenemos el poder de escoger. Pero para sentir ese poder, tenemos que aprender lo que significa amarnos a nosotros mismos y tener poder como individuos —y haber descubierto cómo hacer eso en la vida de todos los días".

Sharon Bruckman

¡Reír!

Hace muchos años, Norman Cousins recibió un diagnóstico de "enfermo terminal". Le dieron 6 meses de vida. Sus oportunidades de recuperarse eran 1 en 500.

Podía ver que las preocupaciones, la depresión y la cólera dentro de su vida contribuían a su enfermedad y tal vez la causaban. Se decía: "Si la negatividad puede causar la enfermedad, tal vez el positivismo puede causar el bienestar".

Decidió hacer un experimento consigo mismo. La risa era una de las actividades más positivas que conocía. Alquiló todas las películas cómicas que pudo encontrar —Keaton, Chaplin, Fields, los Hermanos Marx. (Esto era antes de las videograbadoras, de modo que tenía que alquilar las películas de cine.) Leía cuentos graciosos. Les pedía a sus amigos que lo llamaran cuando dijeran, oyeran o hicieran cualquier cosa graciosa. El dolor era tan fuerte que no podía dormir. Descubrió que reírse durante 10 minutos seguidos le aliviaba el dolor por varias horas, y así podía dormir.

Se recuperó plenamente de su enfermedad y vivió otros 20 años felices, saludables y productivos. (Su trayectoria se cuenta en detalle en su libro *Anatomía de una enfermedad.*) Le da el crédito de su recuperación a la visualización, al amor de su familia y sus amigos, y a la risa.

Hay quien cree que la risa es una pérdida de tiempo. Es un lujo, una frivolidad, algo que uno no puede permitirse sino de vez en cuando.

Nada más lejano de la verdad. La risa es esencial para nuestro equilibrio, para nuestro bienestar, para nuestra vitalidad. Si no estamos bien, la risa nos ayuda a ponernos bien; si lo estamos, la risa nos ayuda a seguir así.

Después del trabajo subjetivo de Cousins, que abrió el camino, los estudios científicos han mostrado que la risa tiene un efecto curativo en el cuerpo, la mente y las emociones.

De manera que, si a usted le gusta la risa, considere que permitírsela tan a menudo como pueda es un sólido consejo médico. Si no le gusta, entonces tómela como medicina —ríase de todos modos.

Use lo que lo haga reír —películas, discos, libros, historietas cómicas, chistes, amigos.

Dése permiso para reír —largo rato y en voz alta— cada vez que algo le parezca gracioso. La gente que lo rodea puede pensar que usted es raro, pero tarde o temprano se le unirán en la risa aunque no sepan de qué se ríe usted.

Algunas enfermedades pueden ser contagiosas, pero ninguna es tan contagiosa como la cura... la risa.

Peter McWilliams

La enfermera "Nosotros"

No hay mucha diversión en la medicina, pero hay un montón de medicina en la diversión.

JOSH BILLINGS

Cuando estaba en el hospital, tenía una enfermera "Nosotros". Todas las frases las decía en la primera persona del plural: "¿Cómo estamos hoy?", "Necesitamos darnos un baño". Esto me irritaba, de modo que decidí jugarle una broma.

Un día, trajo un frasco especial y me pidió una muestra de orina. Cuando salió, eché mi jugo de manzana dentro del frasco. Al volver por la muestra, la miró y observó: "¡Ay!, estamos un poco turbios hoy, ¿no es cierto?".

Le pedí que me dejara mirar, le quité la tapa al frasco y le dije: "Sí, es mejor pasarlo otra vez por el sistema", y me lo tomé. La expresión de conmoción en esa cara no tenía precio.

Norman Cousins

¡Tengo que hacer reír a ese hombre, como sea!

Para poder reír, tienes que ser capaz de jugar con tu dolor.

ANNETTE GOODHEART

Bobby tenía 13 años, era uno de los nueve hijos de una familia portuguesa-norteamericana. Tenía hermoso cabello negro, abundante y sedoso, y ojos brillantes y expresivos. Un chico tranquilo, un muchacho cortés, querido por sus maestros y adorado por sus hermanos y hermanas menores.

En su familia todos eran ordeñadores que vivían en el rancho de otra familia, ganándose apenas la vida y cuidando vacas. Una familia cariñosa pero estrictamente religiosa, que se levantaba temprano y trabajaba duro todos los días para lograr sobrevivir.

Fue un desastre indecible cuando a Bobby le diagnosticaron leucemia y más tarde cáncer de los huesos. Sus padres luchaban por contener su pena, su preocupación y su temor. Su padre escondía su dolor detrás de una pantalla de estoicismo y de trabajo incesante. Su madre parecía pasar cada día al borde de las lágrimas.

Hacían sus oficios y luego llevaban a Bobby a sus tratamientos, soportando lo mejor que podían los costos de tiempo, dinero e incertidumbre. Su amor por Bobby se expresaba sin drama ni exhibición, en esas miradas silenciosas que se intercambiaban cuando no pensaban que él los veía y en sus afirmaciones, que trataban de sonar seguras, de que sabían que él se recuperaría de esa "cosa del cáncer". Nunca se les ocurrió que a sus vidas les faltaba humor; estaban demasiado inmersos en su lucha por sobrevivir en lo económico y porque su hijo sobreviviera físicamente. Todas las mañanas y las tardes el reloj de sus vidas daba una vuelta, y era tiempo de ordeñar. Ahora, además de estas horas que sonaban, estaban las de las medicinas y los tratamientos para su hijo.

Cerca del fin de la lucha de Bobby con su enfermedad, él me contó esta historia:

"Cuando me recibieron en el hospital para la primera larga serie de tratamientos, había un enfermero, Floyd, que me recordaba a un jugador de fútbol norteamericano. Era enorme y parecía no sonreír nunca.

"Floyd entró un día en mi cuarto con la máquina de respirar. Como yo estaba demasiado débil para hacer otra cosa que estar acostado, tenía los pulmones afectados. Me dijo que usara esa máquina de respirar y soplara repetidamente dentro de ella. La máquina tenía una bolita plástica que había que soplar hasta cierta marca. Él había agregado la figurita de una bailarina hawaiana a la punta del tubo de aire de la máquina. 'Bueno, muchacho', me dijo, 'si soplas realmente duro, le levantarás la falda de hierba a la bailarina', y sin una sonrisa salió del cuarto.

"Yo estaba asombrado de lo que dijo y de que un enfermero hiciera una cosa tan loca. Pero tenía que reírme. ¡Y de seguro tenía que tratar de levantar esa falda! ¡Terminé por hacer tanto con esa máquina que tuvieron que quitármela durante un tiempo! Esa bailarina de hula ayudó muchísimo. Y yo me reía y me reía. También se la mostré a mis hermanos. Pero no podía dejarles saber a mis padres porque se hubieran molestado.

"Luego, un día, me hablaron sobre los tratamientos de irradiaciones y la quimioterapia por los que tenía que pasar. A medida que los tratamientos progresaban, se me empezó a caer el pelo. Cuando Floyd me llevó en la camilla de vuelta a mi cuarto, después de una sesión agotadora, sacó de una bolsa de papel una peluca negra atroz, fea, salvaje, y una chupeta. Se puso la peluca, que le quedaba mal, y se metió a la boca la chupeta, mientras me decía: 'Puedes escoger, chico. O el tapete o Kojak. Puedes conseguir una peluca, pero tienes que saber cómo se ve la gente que la usa, o puedes andar con la cabeza calva pero tienes que chupar chupetas como el actor de TV'. Dicho esto, me puso la peluca y una chupeta nueva en el regazo y salió del cuarto. Empecé a reírme y me reí tanto que no podía parar. El hombre había tomado lo que parecía tan horrible y lo había vuelto tan divertido que yo podía soportarlo. Después de eso, no parecía importar si tenía o no pelo. Todavía recuerdo la figura de ese hombre grandote con su uniforme verde de enfermero y la horrible peluca. Si él podía verse así, yo también".

Hoy día, Bobby es un jovencito próspero con acné y un camioncito ensamblado con partes regaladas por su tío y encontradas en depósitos de chatarra. Tiene novia y la actitud más optimista de todos los chicos del pueblo. Éstos son los placeres simples de su edad.

Floyd le mostró una herramienta que podía usar para una vida entera de placeres —la voluntad de buscar el lado más ligero, más brillante, el lado inesperado hasta de los momentos más duros.

Meladee y Hanoch McCarty

El intruso de la prótesis

Nada es tan gracioso como el humor inesperado de la realidad.

STEVE ALLEN

Por lo general no soy una persona acomplejada, aunque me amputaron una pierna cuando tenía 10 años, debido al cáncer.

Creo que el haber crecido con una sola pierna no sólo no retardó mi aptitud física sino que realmente aumentó mi amor por el buceo con careta, el baile y los paseos a pie. Vivir con una sola pierna me ha traído muchas situaciones graciosas, tales como la siguiente:

"¡Dave, despiértate! ¡Dave! Hay alguien en el sótano!"

No podía, por más que tratara, despertar a Dave. ¡Oía un ruido como si alguien estuviera dando tumbos de borracho en nuestro sótano! Como era evidente que mi compañero Dave, con su sueño pesado, no se iba a molestar por ese incómodo intruso, llamé a la policía.

Abrí la puerta en mi silla de ruedas, y le dije a la policía de dónde creía yo que venían los ruidos. Dos de los agentes fueron al patio de atrás para buscar huellas de pisadas en la ligera nieve en polvo que teníamos en marzo, y el otro agente bajó al sótano a buscar al posible merodeador.

Pocos minutos más tarde los dos agentes de afuera volvieron y dijeron que no había huellas, y esperamos a que el otro policía volviera del sótano. Bueno, cuando volvió respiraba pesadamente y tenía la cara pálida.

Comprendimos que debía de haberse encontrado cara a cara con ese intruso que no dejaba huellas en la nieve. Esperamos a que recobrara el resuello, y nos dijo con voz entrecortada: "¡Usted no me dijo nada de las piernas artificiales en el sótano!" (¡Yo había abierto la puerta en una silla de ruedas!)

Resulta que mientras estaba revisando cuidadosamente el sótano, se tropezó con una de mis piernas, calzada y todo, que salía de un armario. Nos decía que ¡sacó el revólver y casi le dispara a la maldita cosa!

Cuando dejamos de reírnos histéricamente a las 2 de la madrugada y el pobre tipo dejó de tiritar, me dijeron que ésa era la llamada nocturna más interesante que tenían para contarles a sus compañeros.

Bueno, los policías estaban felices de ser útiles.

Maureen J. Khan-Lacoss

Tener una actitud

La actitud lo es todo en la recuperación del cáncer. Hay que tener entereza si usted piensa recibir una tunda y seguir funcionando.

El humor del tumor no es cálido y amistoso; es áspero y a veces antipático e insípido, una especie de quimioterapia para el espíritu —necesaria, pero (no siempre) amable.

Robert Lipsyte

Alcanzar lo mejor

Todo ser humano posee un bello sistema para combatir la enfermedad. Éste suministra al cuerpo células que combaten el cáncer —células que pueden aplastar las del cáncer o envenenarlas una por una con la propia quimioterapia del cuerpo. Este sistema trabaja mejor cuando el paciente está relativamente libre de depresión, que es a lo que pueden ayudar una voluntad firme y una ardiente determinación. Cuando sumamos estos recursos interiores a los recursos de la ciencia médica, estamos alcanzando lo mejor.

Norman Cousins

Víctima o sobreviviente

Aunque, según la definición, "un sobreviviente de cáncer es cualquiera a quien alguna vez se le haya diagnosticado un cáncer y está vivo hoy", la primera vez que la leí no me sentí como una sobreviviente. Víctima del cáncer parecía una expresión mucho mas exacta. Pero luego el polvo se aposentó, el tratamiento empezó, y me di cuenta de que eso de la "víctima" no acababa de encajar.

Di vueltas a la cuestión víctima/sobreviviente y por fin llegué a la conclusión de que víctima y sobreviviente son la misma cosa —casi. Las diferencias son sutiles pero al mismo tiempo enormes. Lo primero que descubrí es que un sobreviviente es una víctima con una actitud. Después de entender eso, las cosas mejoraron un poco. Tenía una escogencia en alguna materia —podía ser una víctima del cáncer o una sobreviviente del cáncer. Me gustaba y me sonaba bien ser una sobreviviente.

Luego pensé en una amiga que tuvo cáncer metastásico de seno y era el paradigma de la sobreviviente del cáncer. Para Barbie, la supervivencia era un estado mental. A pesar de los momentos de tristeza y dolor, nunca perdió su capacidad de reírse de los absurdos que puede haber en el cáncer y en su tratamiento. Ella atesoraba cada momento y se enfrentaba lo mejor que podía a cada nueva situación. Por último, el cáncer se apoderó de su cuerpo; sin embargo, ella nunca le permitió llegar a su espíritu. Yo pienso en ella como en una sobreviviente en el más verdadero sentido de la palabra.

Las diferencias entre ser un sobreviviente y ser una víctima se aclararon muy lentamente, y empecé a hacer la siguiente lista. Estoy segura de que cada sobreviviente puede agregar una o dos más. Éste es sólo un comienzo.

- Ser una víctima es un estado del cuerpo. Ser un sobreviviente es un estado de la mente.
- Una víctima teme la caída del cabello. Un sobreviviente sabe que la calvicie es bella.
- Una víctima sabe sobre sentirse decaída. Un sobreviviente sabe que sentirse decaído está bien.
- A una víctima le aterran los efectos secundarios de los tratamientos. Un sobreviviente piensa qué hará para cancelar su pertenencia al Club de los Efectos Secundarios del Mes.
- Una víctima se asombra de todas las lágrimas. Un sobreviviente nunca sale de casa sin pañuelos desechables.
- Una víctima va a "ver" a un doctor. Un sobreviviente "consulta" con su médico.
- Una víctima cae en poder de la desesperación. Un sobreviviente reza mucho.

- Una víctima se siente desamparada. Un sobreviviente dice "gracias" con dignidad y gracia.
- Una víctima disfruta con una buena risa. Un sobreviviente la ama.
- Desde el momento en que se nos diagnostica, somos víctimas. Debemos *escoger* ser sobrevivientes.

Paula (Bachleda) Koskey

4

SOBRE LA FE

He descubierto que para recobrarse de una enfermedad grave son cruciales cuatro formas de fe: fe en uno mismo, en su médico, en su tratamiento y en su creencia espiritual.

Bermie S. Siegel, M.D.

Diga una plegaria

Estaba dando mi acostumbrado paseo matinal cuando un camión de basura me pasó al lado. Pensé que el conductor me iba a pedir alguna dirección. En vez de eso, me mostró el retrato de un bonito niño de 5 años. "Éste es mi nieto Jeremías", me dijo. "Está en la unidad de cuidado intensivo del hospital de Phoenix". Como pensé que me iba a pedir una contribución para pagar sus cuentas del hospital, iba a sacar mi billetera. Pero quería algo más que dinero. Me dijo: "Le estoy pidiendo a todos los que puedo que digan una plegaria por él. ¿Diría una por él, por favor?". Lo hice. Y mis problemas no me parecieron mayor cosa ese día.

Bob Westenberg

No te preocupes, sé feliz

¿Por qué, cuando le hablamos a Dios, se dice que estamos rezando, y cuando Dios nos habla dicen que estamos esquizofrénicos?

LILY TOMLIN

En diciembre de 1991 me diagnosticaron un cáncer rectal, que había crecido desde sus primeras etapas a causa de mi negativa inicial a que un médico me examinara. A mediados de enero de 1992 me operaron, haciendo una resección del colon.

Durante la primavera y el verano me concentré en curarme, pero las cosas por dentro no andaban bien y yo lo sabía. Experimentaba dolor, y demasiados movimientos intestinales todos los días. Un procedimiento médico buscó la causa, y otro me examinó el recto. Los médicos decidieron que era necesaria una colostomía. Por entonces ya estaba bastante cansado de ser un "bicho" de hospital, y quería salir de todo y seguir con mi vida. Se programó una tercera operación.

En marzo de 1993 me practicaron la nueva colostomía y me dieron algunas malas noticias. Durante mi operación, el doctor vio un tejido de aspecto canceroso pero no pudo operarlo y hacerme también la colostomía, de manera que tomó algunas biopsias y me cerró. Las biopsias revelaron que el cáncer había vuelto al mismo lugar (al área rectal) y se estaba esparciendo. Me deprimí increíblemente. Era una lluviosa y melancólica mañana de marzo, y yo miraba entrar la luz del amanecer por mis ventanas salpicadas con agua. Estaba deprimido y desesperado. Desde mi cama, la voz del médico me golpeaba en los oídos. "Hay un tarro de gusanos aquí abajo, Paul —se va a necesitar otra operación hecha por un equipo especializado en esta clase de cirugía pélvica. Yo no la puedo hacer".

Yo siempre había rehuido la religión y siempre trataba de mostrar la existencia de un universo sin Dios a cualquiera que tuviera un punto de vista positivo. Era empirista y estaba orgulloso de mi despego intelectual. Pero, acostado allí esa mañana, lleno de esperanza y aburrido de todo, le pedí ayuda a Dios.

En un momento volví a caer en la penumbra del sueño, y de pronto me sorprendí al hallarme de pie en una calle del centro de la ciudad, con andenes y sardineles. "Esto no es un sueño", pensé. "Estoy de verdad aquí, en esta esquina típicamente norteamericana, mirando a mi alrededor". En ese momento aparecieron tres personas que cruzaban la calle en mi dirección. Eran dos hombres y una mujer. Cuando los hombres se me acercaron, se sentaron en el sardinel y se pusieron a charlar. La mujer vino derecho hacia mí, sonriendo y proyectando una fuerza tal de alegría y amor que quedé completamente encantado con su presencia. Me pasó el brazo alrededor y sentí una dicha celestial. Una preocupación y un amor intensos emanaban de su cuerpo, y me dominaban por completo. Era hermosa, tenía los ojos pardos y el cabello corto. Mientras me pasaba el brazo alrededor, me dijo mirándome a los ojos: "Vas a ponerte bien ahora mismo, no más problemas médicos. Sé feliz, no te preocupes. Todo va a estar bien. Por favor, sé feliz y no te preocupes". Luego, mientras estábamos allí, resultó claro que mi tiempo había pasado y ellos se iban. Los dos hombres se pusieron de pie y los tres echaron a andar. Recuerdo con qué insistencia les rogué que se quedaran. La mujer fue la última en irse y todavía se volvió hacia mí y me dijo: "No te preocupes, sé feliz. Todo va a salir bien".

Después de 8 meses y de una serie de tratamientos de quimioterapia en un centro médico de Portland, Oregon, un equipo de tres cirujanos me operó (mi cuarta cirugía) y no encontró rastro de cáncer —aunque sólo unos meses antes, dos clases de radiografías mostraron que el cáncer me llegaba a la próstata, la vejiga y toda el área pélvica. Los tres doctores quedaron extremadamente sorprendidos y encantados por lo que no encontraron. Yo estaba absolutamente limpio —todas las biopsias que se tomaron entonces resultaron negativas.

Paul Santaro

Todos los suministros necesarios

El domingo 29 de marzo de 1992, muy temprano en la mañana, estaba levantada otra vez a causa de Nicolás, nuestro hijo de 9 años. Gasté un par de horas tratando de pararle otra hemorragia por la nariz. Llevábamos cerca de 6 semanas de esa rutina. Los médicos habían diagnosticado el problema como una infección sinusítica, que le estábamos tratando desde febrero. Apenas el viernes anterior, habíamos estado otra vez en el consultorio del médico.

Hacia las 7:30 a.m., ese domingo, mi esposo y yo decidimos llevar a Nicolás a la sala de urgencias del hospital que queda a 25 millas de nuestra casa. Con alguna dificultad, el doctor cauterizó el área para detener la hemorragia. Se disponía a enviarnos a casa cuando sentí la necesidad de pedir un examen de sangre. Nicolás había estado perdiendo mucha sangre, y estaba tan cansado y tan indiferente que, pensaba yo, podía estar anémico. Después de tomar la muestra de sangre nos dijeron que podíamos irnos a casa, y el laboratorio nos notificaría si aparecía algo. Decidimos que más bien esperaríamos los resultados allí mismo.

La espera fue mucho más larga de lo que calculamos.

Por fin el doctor vino y nos dijo que estaba llamando al pediatra de turno porque había aparecido algo en el examen de sangre. De inmediato supe que podría ser leucemia, pero no le dije nada a mi esposo. Pronto vino el pediatra y confirmó mis temores. En estado de conmoción regresamos a casa en el auto, empacamos alguna ropa, hicimos unas cuantas llamadas telefónicas a la familia y a los amigos, y nos pusimos en camino hacia el Centro Médico de Niños de Salt Lake City, Utah. Aunque es un viaje de unas $4\frac{1}{2}$ horas desde nuestra casa de Idaho, nos pareció que duraba días enteros.

A Nicolás le diagnosticaron leucemia linfoblástica aguda y tuvo que pasarse 4 días en cuidados intensivos y otros 2 en un cuarto corriente. Recibió un cuidado excelente y los doctores nos aseguraron que las probabilidades estaban a su favor, aunque inicialmente pensaron que el pronóstico era malo. En líneas generales nos explicaron el tratamiento por 3 años, consistente en irradiación cerebral y quimioterapia.

De regreso a casa, traté de volver a alguna clase de rutina y de apariencia de normalidad. Volví la página de un calendario de meditación que una querida amiga me regaló en Navidad. Estaba abierto en marzo 29, el día cuando le hicieron el diagnóstico a Nicolás. El mensaje para ese día era: "Todos los suministros necesarios para ese viaje ya se planearon y se obtuvieron". Sentí gran consuelo y confianza. Sentí que Dios había enviado ese mensaje.

Han pasado más de 3 años y Nicolás acaba de terminar el tratamiento. Ha habido muchas altas y bajas a lo largo del camino y muchos maravillosos actos de bondad. Siempre vuelvo a ese mensaje: "Todos los suministros necesarios para ese viaje ya se han planeado y obtenido". ¡Y ésta es la verdad!

Dianne Clark

5

SOBRE EL AMOR

No hay dificultad que no se venza con suficiente amor; no hay enfermedad que no se cure con bastante amor; no hay puerta que el amor necesario no abra; no hay brecha sobre la cual no tienda un puente el amor que hace falta; no hay pared que no se derribe con suficiente amor; no hay pecado que, si se ama lo bastante, no se redima...

No importa cuán profundamente arraigado esté el problema; cuán desesperado sea el panorama; cuán embrollado esté el enredo; cuán grave sea el error. Una realización suficiente de amor lo solucionará todo. Si sólo pudieras amar lo bastante, serías el ser más feliz y poderoso del mundo.

Emmet Fox

Un bolsillo lleno de monedas

Searra, una niña de 8 años con tumor cerebral, era una paciente "habitual" en el Departamento de Radiación de Oncología, muy parecida a los otros pacientes que venían al centro por períodos de 5 o 6 semanas. Como mi consultorio quedaba cerca de la entrada principal, yo podía oír desde cierta distancia cuando llegaba Searra, también llamada CC.

Era seguro que todas las mañanas asomara la cabeza hacia las 10:00 a.m. para decir "hola" o, más importante, para revisar los juguetes y los materiales de colorear que yo tenía en el consultorio. Varios pasos detrás venía la abuela de CC, quien le servía de guardiana y caminaba tratando de seguir el paso ansioso de su nieta.

CC no estaba interesada en lo más mínimo en oír hablar sobre su cáncer o la caída de su cabello. Cuando entraba en el Departamento era el momento de hacer vida social con el personal, que se hacía amigo suyo en un instante, y de ver qué clase de obra maestra le podía colorear a la abuela mientras la llamaban para su tratamiento.

A mí me sorprendía el amor que CC tenía por su

abuela. Cada vez que le preguntaba sobre su vida en casa, su trabajo en la escuela, o sobre cómo se sentía, la respuesta siempre se refería a los ratos que pasaba con ella, las cosas graciosas que les sucedían y lo mucho que la quería. En la mayoría de las ocasiones, CC dejaba en claro que Mamita, como la llamaba, era el centro de su mundo.

Cuando empezaron a tratar a CC con radiación, los terapeutas le dijeron que todos los días le darían una moneda de 25 centavos si prometía tener quieta la cabeza en la mesa de tratamiento. ¡De seguro, después de 6 semanas de terapia, tenía un bolsillo lleno de monedas! De modo que, el último día, los terapeutas querían saber qué gran juguete se iba a comprar con todas esas monedas. CC les contestó: "No, no voy a comprar ningún juguete. Voy a comprar algo para Mamita por todas las cosas buenas que ella hace por mí".

La sinceridad de CC, su falta de egoísmo, su calidez y su lealtad a Mamita me enseñaron sobre lo que es verdaderamente importante en la vida. Me mostró de manera constante que amar a los otros con verdadero compromiso es el mejor regalo que puede dárseles —sea a miembros de la familia o a amigos. Por cierto, CC tenía una excusa para quejarse o estar furiosa con el mundo por haberle dado una niñez totalmente distinta de la de sus compañeros de tercer grado. Nunca la oí quejarse de su cabeza calva, su cara y su cuerpo hinchados (por los esteroides), o el bajo nivel de energía que le impedía jugar al aire libre. CC sigue viviendo su vida de la manera como ella la ha escogido, y eso incluye dar de sí misma para hacer del mundo un lugar mejor para los otros, especialmente para Mamita.

CC me recuerda que debemos aprender a valorar a nuestros seres queridos y que debemos mirar más allá de la superficialidad del vivir de cada día. Me recuerda que debo agradecer más lo que tengo hoy, y no fijarme tanto en lo que ha quedado atrás o está adelante todavía. CC, como muchos otros pacientes de cáncer, es un verdadero ejemplo de que no siempre nos tocan las mejores cartas, de manera que tenemos que hacer lo mejor posible con las que tenemos hoy.

Anne C. Washburn

Cabellos

Todos en nuestra familia tenemos el cabello distinto. El de mi papá es corto. No tiene mucho, pero le sienta. Y yo tengo el pelo largo y liso. Ni un rizo por ningún lado. Me cae abajo de los hombros. El cabello de Jeff es magnífico. Es abundante y suave. Tiene cuerpo y puede dársele forma. Hoy es muy distinto del de papá, pero fue igual alguna vez.

Pero el cabello de mi madre, bueno, no es realmente cabello. Como tiene cáncer, lo perdió por completo. Le está creciendo otra vez, y es muy suave. Como armiño. Suave en la cara cuando ella lo abraza a uno y uno se siente seguro. Todos tus problemas y preocupaciones desaparecen cuando ella te abraza. Cuando le paso la mano por la cabeza es como pasarla por una lámpara maravillosa. Deseo que ella sea feliz y saludable y que le crezca otra vez el cabello para que le proteja la cabeza y se la mantenga tibia, como ella me protege y me mantiene tibio a mí. Ése es el cabello de mamá, como un bebé. Suave y cálido como su corazón.

Jaime Rosenthal

La protección de san Cristóbal

Querida Jacqueline:

Cuando leas esta carta, será el Día del Padre. Quiero contarte una historia maravillosa sobre tu papá. Él es una persona bastante reservada y me temo que él nunca te la contaría. Es una historia que tú debes saber —y tal vez algún día puedas contársela a tus hijos.

Tu padre y yo hemos sido amigos por muchos años. Un caliente día de agosto de 1992, en Boise, Idaho, nos encontramos para almorzar. Verás, yo tenía cáncer e iba para el hospital de la Universidad de Stanford a empezar el largo proceso de un trasplante de médula. Aunque estaba optimista, los trasplantes de médula son peligrosos. Era posible que no volviera a ver a tu padre y quería decirle adiós. Tenía sólo 39 años cuando me diagnosticaron un linfoma non-Hodgkin, un cáncer poco frecuente en una persona tan joven. Y lo peor aún, el único tratamiento posible en la época del diagnóstico original era la quimioterapia por el resto de mi vida que, en el mejor de los casos, serían 10 años más.

Los médicos de Stanford determinaron que yo tenía

potencial como candidata al trasplante de médula. Era una curación posible, pero mi cáncer no se adaptaba al régimen del tratamiento acostumbrado. Después de horas de exámenes incómodos, discusiones difíciles y negativas de cubrimiento por parte de mi compañía de seguros, ¡yo seguía decidida a que me hicieran el trasplante!

Tu papá se impresionó bastante al verme, cuando llegué para el almuerzo. Yo, que era de pelo oscuro y rizado, aparecí ese día con un peinado de paje rubio. Era una peluca para tapar la calvicie que me habían producido 7 meses de quimioterapia. En vez de buscar una peluca que saliera con mi cabello natural, conseguí una de estilo paje que había querido tener desde la escuela secundaria. El enfrentarme al cáncer me había enseñado a correr riesgos y a probar cosas nuevas. Había aprendido que la vida es corta y que debía realizar mis sueños. "Luego" podía ser demasiado tarde.

Durante el almuerzo los dos nos reímos de historias de los viejos tiempos, y hablamos de un presente aterrador y de mi incierto futuro. Como puedes imaginarte, lo que yo más temía era despedirme. Cuando estábamos en la acera, frente a mi auto, tu papá sacó un sobre del bolsillo y me lo entregó. De inmediato vinieron a mi mente las palabras "medalla de san Cristóbal", y no sé por qué, porque ni él ni yo somos católicos. Me dijo: "Esto es para ti, pero no lo abras hasta cuando estés en el avión para California". Me besó en la mejilla y se fue.

Dos días más tarde, poco después de despegar, abrí ese sobre. Era en verdad una medalla de san Cristóbal —una medalla muy especial. En una cara estaba el emblema del Ejército de los Estados Unidos y en la otra, san Cristóbal. Tu padre había agregado una nota que decía:

> *Querida Cindy:*
> *Aunque no soy famoso por mis deseos de abrirme y expresar mis sentimientos, quiero que sepas que tú eres una amiga muy especial. Mi mamá me dio esta medalla de san Cristóbal cuando fui a Vietnam. Me aseguró que me mantendría a salvo, y así fue. Algún día querría dársela a mi hija, Jacqueline, pero ahora mismo tiene un uso más importante. Por favor, recíbela y te aseguro esto: te mantendrá a salvo. Puedes creer que todo lo que vas a afrontar a la larga valdrá la pena.*
> *Todo lo mejor,*
> *Jim*

Lloré. Tenía miedo, mucho miedo, como debió tenerlo tu padre cuando salió para la guerra, pero ahora yo tenía otra razón para creer que sobreviviría. Me puse la medalla de san Cristóbal desde ese mismo instante.

Mi trasplante fue excepcionalmente difícil. Sufrí severos efectos secundarios. Me dijeron que la radiación que soporté era la equivalente a estar a una milla de una explosión nuclear; un hongo peligroso me quedó en los pulmones. Las altas dosis de quimioterapia me causaron quemaduras de segundo grado en las manos y los pies.

Mi cuerpo quedó tan afectado que era imposible reconocerme: parecía un monstruo.

Los primeros signos de éxito del trasplante desaparecieron al día siguiente de salir del hospital. Mi trasplante había fallado. La combinación de razones para la falla del trasplante me colocaba en una categoría única —lo que me pasó no le pasa sino al 1% de los pacientes de trasplante. No había más opción que un rescate de las células, un procedimiento incierto que podía volver a introducirme las células de mi propio cáncer. Me enfrenté con la muerte cara a cara en las semanas durante las cuales esperé que el segundo trasplante se injertara. Estuve en el hospital durante 54 días. Había salido de Boise en agosto 14 de 1992, y volví a casa 3 meses después, el 5 de diciembre. En febrero, me pasó por el corazón un coágulo de sangre, residuo del trasplante, pero no me hizo daño. Había experimentado milagros. Tenía suerte de estar viva.

Ahora, cuando escribo esta carta, han pasado cerca de 4 años y estoy todavía libre del cáncer. Tu padre tenía razón: san Cristóbal me protegió.

Ahora recuerdo que tu padre había visto mucha acción como jefe de pelotón y primer teniente en la infantería. Aunque nunca se consideró un héroe, se distinguió en combate y ganó una medalla de bronce al valor y un corazón púrpura —fue herido en acción el día en que murieron dos de sus buenos amigos.

Tu padre llevó esta medalla con fe, Jacqueline —y así la llevé yo. Cuando sea tuya, algún día, espero que tú y tus hijos recuerden su historia y las historias de valor y amistad que ella les pueda contar.

Todo mi cariño,
Cindy

Cynthia Bonney Mannering

Brian, nuestro héroe

¿Qué puede significar, para un muchacho de 18 años en último grado de secundaria, enterarse de que tiene dos tumores pineales inoperables en el cerebro? *¿Me voy a morir? ¿Por qué yo? ¿Por qué ahora?*. Éstas eran apenas algunas de las preguntas que pasaban por la mente de nuestro hijo Brian.

Durante 2 meses no supimos qué le pasaba a nuestro hijo —perdía peso, no comía y no era el mismo. Se secó delante de nuestros ojos; bajó de 70 a 60 kilos en un mes, sin razón aparente.

Como se quejaba de estar viendo doble, se le tomó una resonancia del cerebro y se descubrieron los tumores. Recibimos un gran golpe, pero encontramos la razón de los síntomas anoréxicos.

Después del choque inicial, Brian tuvo unos pocos días de altas y bajas para aceptar y entender lo que realmente pasaba, lo mismo que el tratamiento que le esperaba.

El tratamiento de irradiaciones empezó apenas pasó la Navidad, y él nos sorprendió a todos con la actitud positiva que le permitió soportarlo. A pesar de estar un poco cansado, continuó yendo a la escuela todos los días. Sus compañeros y sus profesores estaban asombrados.

Cuando los tratamientos terminaron, empezó a practicar con el segundo equipo de baloncesto. Pudo jugar unos pocos minutos de unos pocos partidos, ya al final de la temporada, y hubo ocasiones memorables. Sólo verlo en la cancha les producía lágrimas y ganas de aplaudirlo a quienes estaban en la tribuna y sabían por lo que había pasado. Gracias a un entrenador muy comprensivo (cuya esposa había tenido cáncer de seno), pudo seguir con el equipo durante la temporada. En el banquete del fin de temporada le entregaron el premio del Entrenador por la inspiración que les había mostrado a sus compañeros de equipo, tanto en las prácticas como apoyándolos durante los partidos. Aunque los tiempos eran duros, no se rindió. Dio el 110% de su tiempo y su energía.

Luego comenzó con quimioterapia durante 5 días consecutivos, después los días 9° y 16° otra vez, durante 4 meses. La pérdida del cabello, la fatiga, la falta de apetito y la constipación fueron algunas de las complicaciones "menores" que sufrió. Las tomó sin aspavientos y trató de buscarles salida.

Por esa época, a un amigo más viejo de la familia le diagnosticaron un cáncer de pulmón. En virtud de la amplitud de sus puntos de vista, Brian fue capaz de hablar con nuestro amigo para compartir ánimos en los tiempos duros.

En esos días asistía a la escuela tres de cada cuatro

semanas al mes. De manera admirable, se mantuvo al día en sus estudios con la ayuda de los maestros comprensivos, los amigos y el psicólogo de la escuela. Aunque no asistió a algunos eventos importantes a causa de la quimioterapia, se graduó con su clase ¡con honores distinguidos! Se sorprendió cuando lo eligieron el Atleta Más Inspirador del Año.

Las vacaciones de verano fueron un cambio bienvenido, tanto para Brian como para el resto de la familia. Pasamos un mes en Hawai, descansando y visitando parientes y amigos. Ahora, en este otoño, Brian se dispone a comenzar su carrera en la universidad.

Nuestra familia ha pasado junta por muchas cosas, pero Brian nos demostró que, con perseverancia, sin importar cuán devastadora sea la situación, se puede vencer. Su positiva actitud y su sonrisa constante día tras día, a pesar de tener que soportar situaciones dolorosas y aterradoras, nos hizo sentir muy orgullosos de él a todos nosotros. Yo sé que Brian ha madurado mucho mediante estas experiencias y está listo para encarar el mundo.

Brian, te deseamos felicidad y éxito en todo lo que hagas. Recuerda: mamá, papá y tu hermana Amy siempre estarán contigo. ¡Te queremos!

Norma Yamamoto

Amor y apoyo

El 1 de octubre de 1994 me encontré con el hombre que llegaría a ser la persona más importante de mi vida. El jueves 20 de octubre de 1994 me diagnosticaron un linfoma de non-Hodgkin.

Terry, mi marido, y yo nos conocimos por medio de los avisos personales de nuestro periódico local. Hablamos durante una semana antes de encontrarnos. No podíamos hacerlo inmediatamente por lo enferma que yo me sentía. Entonces el sábado 1º de octubre nos encontramos en un parque cercano y paseamos mientras conversamos durante horas. Nos hicimos amigos al instante. En las dos semanas siguientes consulté a un especialista de oídos, nariz y garganta, sobre lo que los médicos creían que era una sinusitis. El jueves 13 de octubre me enviaron a un especialista en cáncer, quien de inmediato me internó en un hospital. Yo estaba aterrada; no tenía sino 30 años, sólo había estado enseñando en primer grado durante 3 años, y nunca me había casado. Sentía que eso no podía estarme pasando a mí. Era demasiado joven y siempre sana. Llamé a mi nuevo amigo y entre lágrimas le conté que iba a estar un par de días en el hospital. Le rogué a Terry que pensara en mantener nuestra amistad, pero hubiera comprendido si él simplemente hubiera dejado de llamarme. Terry me dijo que esa tarde estaría en el hospital. Yo tenía mis dudas. Fiel a su palabra, llegó al hospital a las 7:00 p.m., con un oso koala de felpa en la mano.

Esa semana Terry vino todas las noches al hospital. El 20 de octubre recibí mi diagnóstico y me dijeron que no podía volver a la escuela durante 4 meses. Esa tarde pregunté a mi nuevo amigo qué podía hacer yo durante 4 meses, y me respondió: "¿Planear una boda?". Así empezó el período más emocionante, doloroso y aterrador de mi vida.

Durante toda la quimioterapia, que me dejó débil y con náuseas, Terry se sentaba conmigo, me hablaba de los planes de matrimonio y me ayudaba a concentrarme en el futuro feliz y libre de cáncer que esperábamos.

En enero 21 de 1995, Terry y yo nos casamos. Tres días después, entré en el hospital para que me practicaran quimioterapia en altas dosis y un trasplante de médula ósea.

Durante tres semanas (de las cuales pasé 10 días en un cuarto de aislamiento), Terry venía a dormir al hospital cada vez que podía. Cuando el dolor y la depresión me dominaban, me concentraba en mi nuevo esposo y en las distintas cosas que haríamos juntos. Planeé una cena de familia para un mes después de mi salida del hospital, y pensaba en el menú y en cómo me iban a rodear mis parientes para que yo sintiera la cercanía de su apoyo y su cariño.

Todos los días de mi estancia en el hospital, mi madre me acompañó. Les hacía a los médicos las preguntas que yo, por estar demasiado drogada o enferma, no podía hacer por mí misma. Mamá hablaba cuando yo me sentía con ánimo para hacerlo, y bordaba cuando yo estaba dormida. Durante gran parte del día, mi madre o mi esposo se sentaban conmigo y me ayudaban a pasar los momentos más duros.

Hace 6 meses que estoy bien. Atribuyo mi recuperación a un hombre maravilloso que vio más allá de esas feas células cancerosas, y a una familia cuyo amor y apoyo me mantuvieron el ánimo hasta en los días de mayor debilidad.

Christine M. Creley

El amor cura a la gente

Al comienzo nos imaginamos que les estamos dando a ellos; pero terminamos por comprender que ellos nos han enriquecido.

S.S. JUAN PABLO II

En agosto de 1992 le nació una bella niñita a una pareja muy especial. Durante los 6 primeros meses de la vida de Paige, el cólico la hizo llorar. Sus padres la llamaban "nuestra endiablada niñita".

Era una bebé bella con grandes ojos pardos, y uno se enamoraba de ella sin remedio. En su primer cumpleaños, Paige se me trepó al regazo y mi corazón fue suyo para siempre.

En marzo de 1995 recibí una llamada frenética de la mamá de Paige, en la cual me decía que a la niña le habían diagnosticado un cáncer, y que estaban saliendo para el hospital infantil de Los Ángeles.

Según pasaban los días, las noticias se tornaban más y

más sombrías. Llamé a todos los que conocía y les pedí que formáramos una cadena de oraciones.

Paige combatió a aquel monstruo, primero con quimioterapia, luego con irradiación, y finalmente con un trasplante de médula ósea, en octubre de 1995.

En medio de todo aquello, esta asombrosa criatura de 3 años seguía tan sonriente y amable como siempre. Se ganó los corazones de los médicos y las enfermeras. La mamá nunca se movió de su lado y sólo creía que si la quería lo necesario, se pondría bien.

En octubre 31 de 1995, víspera de Todos los Santos, nuestra Paige regresó del todo a su casa. Se nos había cumplido el milagro por el cual rezamos todos. Los médicos estaban asombrados de su pronta respuesta a los tratamientos y de su actitud positiva.

No eran los únicos asombrados. Yo estuve reuniendo sorpresas para Paige a lo largo de los meses que duró su hospitalización. Al abrir la bolsa llena de regalos, Paige descubrió que algunos juguetes eran iguales a otros que ya tenía. Le sugerí a su mamá que los cambiara. Paige le preguntó si se podían poner en el árbol de Navidad de una de las tiendas locales, para que otros niños gozaran con ellos. El orgullo en la cara de la mamá lo decía todo.

En ese momento, me di cuenta del poder que tiene el amor. El amor cura a la gente, tanto al que da como al que recibe.

Janine Crawford

"Usted va a necesitar un cirujano"

Con esas palabras, empecé un viaje de 4 años en una montaña rusa en la que lo mismo caía en el temor como me levantaba en la esperanza. El diagnóstico era cáncer de colon; las estadísticas, 55% de muertes. Pero por lo menos ya sabía por qué el solo levantar una pieza del rompecabezas me exigía más energía de la que podía reunir.

Sin embargo, una de las tareas más duras para ganar mi batalla vino al puro comienzo. Medio aturdida, salí de donde mi médico, vi al cirujano que él recomendaba, convine en entrar en el hospital 4 días después, y me fui a casa. Ésa era la parte fácil. La parte difícil era encontrar una manera de decírselo a mi familia… y, especialmente, a Norm, mi esposo, quien estaba a 3000 millas de distancia cumpliendo un contrato por 3 meses. Incluso desde niña yo había sido la sana de la familia. Además, faltaban 2 semanas para la Navidad. ¿Cómo, pues, decirles que no sólo no estaba bien (un eufemismo anticuado), sino que existía una clara posibilidad de que muriera?

Nunca logré encontrar las palabras. En lugar de eso,

Nicole, quien después sería mi hija psicóloga, comentó por fin que yo parecía rara; luego, como recordó que yo había estado viendo al médico, se le ocurrió que éste me había dado malas noticias. También se hizo cargo del trabajo que yo era totalmente incapaz de hacer, el de decirle a su padre.

Norm es uno de esos tipos extraordinarios. Cuando entré en el hospital, 4 días después, ya había concluido su contrato, empacado para volver a casa, arreglado que viniera mi madre, descubierto tres tratamientos alternos y tenía gente en dos iglesias rezando por mi curación… no está mal para un fin de semana.

Mientras tanto, mis hijos casi grandes, Noral, Kal y Nicole, pusieron cara de valientes y exudaron energía mientras trataban de decorar nuestro árbol de Navidad de dos pisos (una asombrosa proeza de ingeniería), como lo habíamos hecho todos los años. Ninguno de nosotros sabía del todo qué esperar o qué hacer. Pero después de mi operación, mis hijos, lo mismo que su padre, nuestros amigos y cerca de 500 miembros de nuestra Asociación Nacional de Locutores (ANL), pronto se lo imaginaron… A mí me tomó más tiempo.

Mi familia trajo al hospital las decoraciones de Navidad de nuestra espaciosa casa. Éstas pronto se extendieron por todas las paredes disponibles, las barandas de la cama y hasta por el tubo del catéter. Yo había escogido una sala pública para estar acompañada. Estuve acompañada. Toda enfermera, todo médico, dama voluntaria o celadora, además de una serie de pacientes, venían a ver esa mancha de color y frivolidad en la seria atmós-fera del ala de cirugía.

En la mañana de Navidad, el tráfico hacia mi ventana era constante, cuando mis hijos, Kal, mi temprano diseñador, y Noral, siempre calmada en las crisis, desafiaron el frío de antes del amanecer de un diciembre de Otawa, para levantar en la nieve del jardín del hospital un letrero de 3 metros de alto en el que la familia había puesto "Feliz Navidad, mamá".

Me habían operado pocos días antes, el 21 de diciembre, y las noticias eran mezcladas. Habían sacado el tumor, pero había sido grande. Mientras que, por fortuna, no me iban a hacer quimioterapia o irradiaciones, mi cirujano, el doctor Doubek, no me prometía más de 2 años de vida.

Las noticias se movieron rápidamente. La cantidad y la profundidad de mensajes cariñosos que llegaban de todo el continente fueron una sorpresa maravillosa. Mire usted, una de las cosas horribles del cáncer es la pérdida de autoestima. Yo creo verdaderamente que, a menos que la persona enferma de cáncer recobre el sentimiento de que es realmente importante, la persona se muere.

Con todas esas tarjetas y llamadas, lo mismo que con los mensajes de personas que hacían que las congregaciones de sus iglesias rezaran por mí, llegué a un punto en el que, honradamente, hubiera sentido que estaba fallándole a la gente si me moría... en especial al gran E. Larry Moles de Lima, Ohio, que hizo dos viajes a la frontera para traerme, a través de las aduanas canadienses, un oso de felpa tan grande como él (ahora se le conoce como el oso Larry). Más tarde pensamos que los aduaneros se imaginaron que estaba usando el oso para esconder droga o algún otro contrabando. Los funcionarios parecen sospechar de la pura y sencilla amistad.

La "amistad" es un tema que figura en mi lista de lo que se "debe tener" como parte de mi propio desarrollo debido al cáncer. Mi primer paso fue simplificar mi vida determinando qué era lo verdaderamente importante para mí... y descartando lo que no lo era. ¡La lista de lo que uno de verdad "debe tener" es asombrosamente corta! Trate de hacer su propia lista cuando se sienta abrumado —puede cambiar su futuro.

Se discute mucho sobre el papel del pensamiento positivo en la curación de la enfermedad. Para mí, no hay duda. Sirve.

Sirve, si se trabaja en ello. El pensamiento positivo para curarse de la enfermedad física, o de los golpes negativos de la vida, va mucho más allá de tener pensamientos positivos. Mi lucha contra el cáncer tomó 4 años y varias operaciones... pero ahora, 10 años después, oficialmente soy una sobreviviente del cáncer. Ahora, cada vez que me encuentro en una situación difícil, busco los mismos dos elementos que me sacaron a flote durante la crisis: el amor de la familia y los amigos, y el uso consistente de mi mente para sanar mi cuerpo —célula por célula, por medio de la concentración y la visualización.

Continúo fortaleciendo mi mente para alcanzar la

salud y para "mantenerme en la ruta" con mi vida. Todos podemos hacer esto por nosotros mismos; sin embargo, como mi marido cita con frecuencia, "Nadie es una isla". Lo mismo de significativos para nuestra salud y nuestro bienestar son los mensajes de personas que me escribieron diciendo que les preocupaba ser entrometidas, pero que tenían que hacerme saber que yo les importaba. Compartir nuestras preocupaciones con otras personas fortalece nuestro deseo de salir adelante... y puede salvar vidas.

Delva Seavy-Rebin

Creo en milagros

Para ser realista, se debe creer en milagros.

DAVID BEN-GURION

"Chris se está muriendo. Voy a vender su auto". Pascua de 1989. Mi ex marido me hablaba por el teléfono sobre nuestro hijo de 25 años. ¡Yo estaba más que aturdida, pero también muy furiosa!

Sabía que Chris no se había estado sintiendo bien —"un virus del estómago" era lo que él decía. Pero como seguía empeorando, fue al hospital en donde el pronóstico era todo menos positivo. En las palabras del doctor: "Las malas noticias son que su hijo tiene linfoma —el cáncer que crece más rápidamente. Las buenas, que es un cáncer que responde bien a la quimioterapia —esto es, una vez que estabilicemos sus condiciones".

Eso fue exactamente lo que trató de hacer la clínica de Cleveland durante 6 semanas, mientras Chris permanecía en la unidad de cuidados intensivos conectado a un respirador. Sus condiciones se deterioraron hasta tal punto que el primer día que lo visité, pasé de largo junto a su cama. ¡Ni siquiera reconocí a mi propio hijo!

No era tiempo de que se muriera. Todavía tenía mucha vida por delante. Decidí poner a trabajar todas las técnicas de visualización que había aprendido, para desarrollar mi capacidad de pensamiento positivo y para mantener mi natural optimismo. Le dije a mi ex marido —quien ya estaba recibiendo tarjetas de pésame de su grupo de amigos negativos— que yo creía en milagros. Chris saldría adelante. No debía vender su auto.

No sé si ustedes han tenido la experiencia de la unidad de cuidados intensivos de un hospital. No es un lugar agradable de visitar. Hay toda clase de ruidos y pitos. Las enfermeras y los médicos corren para atender alarmas. Los pacientes están hinchados y tienen una palidez mortal. La negatividad está en el aire. Incluso hubo un médico que me dijo: "¿No se da cuenta de lo enfermo que está su hijo? ¿Cómo puede ser tan positiva?" Lo hice sacar del caso.

No nos permitían verlo sino 15 minutos, dos veces al día. Yo iba todas las mañanas, le tomaba la mano a Chris y le decía que visualizara el verano, con el clima cálido, el sol y las flores (que le encantaban). Noté que cada vez que lo visitaba se encendía una luz y sonaba un timbre. Las enfermeras me dijeron que eso indicaba que mientras yo estaba allí, Chris respiraba por sí mismo de modo que el respirador pitaba. Yo sabía que estábamos progresando.

Chris se recuperó lo suficiente como para volver a casa durante el verano, todavía con quimioterapia, con breves entradas de vuelta a la clínica. Oíamos juntos casetes, hablábamos del futuro, nos concentrábamos en la belleza de todo momento. En diciembre, estaba en completa mejoría. Lo consideraron un milagro.

En abril de 1990, él decidió que le hicieran un trasplante de médula ósea como medida preventiva. Esta primavera celebramos el quinto aniversario de su mejoría. ¡Sí, yo realmente creo en milagros!

Chris King

6

SOBRE
EL APOYO

Las medicinas más importantes son el amor tierno y el cuidado.

Madre Teresa

"¡Pete, tienes cáncer!"

En el otoño de 1992 iba conduciendo de regreso a mi oficina después de un importante almuerzo en el centro de Vancouver, cuando sonó el teléfono del auto. ¡He tenido teléfono en el auto desde hace bastante tiempo, pero todavía me asombra que realmente se pueda llamar y recibir llamadas desde un auto!

Era mi médico.

"Pete", me dijo, "no sé qué estés haciendo en este momento, pero es necesario que vengas de inmediato a mi consultorio".

"¿Qué pasa?"

¡En un teléfono de auto!

Me salí al lado de la carretera y me puse a llorar. Un raudal de lágrimas. Y entre las lágrimas, pasaba mi vida, todo momento importante que había vivido, como en una gran pantalla delante de mí. ¡Cáncer! Las aterradoras palabras que acababa de oír me despertaron toda clase de impulsos y emociones que hasta ese momento casi siempre habían estado inactivos. Ahora, como interruptores que se hubieran puesto a funcionar en una subestación, hacían parte del aterrador tiempo real.

Sin duda, me iba a morir. Estaba acabado. Y con la proximidad de la muerte, mi sistema de valores, mis raíces, mis fundamentos iban a ser puestos a prueba como nunca. Mi proclamada fe estaba en juego.

Pero los seres humanos reaccionamos rápidamente. El instinto de supervivencia interviene. Golpeado severamente, pero ya sintiendo asomos de fuerzas de reserva, de inmediato comencé a pensar si tal vez podría recobrarme de lo que tenía, fuera lo que fuera. ¿Podría ser yo tan positivo como le digo a la gente que soy en mis conferencias y seminarios por todo el mundo? ¿Podría causar tanto impacto en mi propia vida como me han dicho que causo en la vida de otros?

Cuando le devolví la llamada al médico, me dijo que recogiera a mi esposa y fuera a su consultorio. Kay estaba de regreso de sus estudios y los dos, de la mano, fuimos a ver al médico.

"Una simple operación", nos dijo en su mejor voz de piloto de línea aérea. "Seis u ocho puntos y unos 20 minutos. Vamos a sacarte un pedazo de la nalga y a usarlo para hacerte un implante en la cara". Interesante. ¡Mi parte posterior súbitamente se sintió expuesta!

Me llevaron al hospital, me acostaron y me cubrieron la cara. No era tan sencillo. Necesitaron 18 agujas sólo para congelar el área de la cara donde se haría la restauración. Yo no tenía idea de lo que pasaba excepto que, hasta el momento, nada ocurría en mi parte trasera. Como es obvio, hubo un cambio de plan. El cáncer se iba a sacar de algún otro modo.

Hora y media y 125 puntos más tarde —con una enorme cicatriz en la cara, en forma de corazón, hinchada y todavía sangrante— le dije a Eric, el cirujano plástico que había ejecutado este nítido trabajo: "Entonces, ¿qué fue lo que hicieron?"

"Es un nuevo procedimiento que aprendí en París, hace un par de semanas", me dijo. "Pensé en ensayarlo contigo".

"Un millón de gracias", dije yo.

Eric me dijo que a pesar de la sangre y los coágulos al comienzo, la cicatriz sanaría. En unos pocos meses yo estaría feliz, y en un año, más o menos, la cicatriz sería casi invisible. Me aclaró que la operación con el corte en forma de V a la larga era mucho mejor que ponerme piel del trasero, la cual, por su pigmentación única, siempre seguiría siendo "piel de la cola".

El primer asalto parecía ser un éxito, pero me esperaba una prueba mayor. El equipo médico no estaba ciento por ciento seguro de haber sacado todo el cáncer. Tenía que ir a la Clínica de Cáncer de Vancouver, para que un equipo de diez doctores me practicara más exámenes y se hiciera una conferencia para determinar si se necesitaba o no una segunda operación. La sola idea era aterradora.

Debo decir ahora que, a pesar de una constante y no muy entusiasta lucha contra la gordura, yo realmente gozaba de buena salud. Nada de hospitales, excepto para visitar a otros, nada de operaciones, nada de anestésicos. Otra operación, llegué a la rápida conclusión, me haría entrar en todo eso de un golpe. Nunca volvería a ser el mismo. Peor que eso, probablemente moriría. ¡Otra vez, la mente me arrastró derecho a la morgue!

Pero, Pete, ¿y qué hay de las habilidades de los doctores? ¿La tecnología? Todos tenemos talentos especiales, ¿no es cierto? Es posible que lo que te reservan se haya hecho cientos de veces a otras personas, con éxito completo. En la lucha quirúrgica contra cánceres de todas clases se han visto muchas victorias increíbles. ¿Dónde están tu fe y tu actitud positiva? ¿Qué hay del amor que vierten hacia ti tu familia y tus amigos?

Los doctores decidieron que la segunda operación realmente se necesitaba, y fijaron la fecha para $7\frac{1}{2}$ horas de cirugía en el Hospital General de Vancouver.

Charlie Trimbell, quien es presidente de una de las principales distribuidoras de alimentos del oeste del Canadá y un buen amigo mío, me dijo: "Pete, tú tienes habilidades bastante buenas para con la gente. Cuando entres en el hospital, ponlas a trabajar. Usa tus habilidades para ponerte del lado bueno de todo el que entre en tu cuarto. No importa qué haga, aprende su nombre y trata de averiguar qué hace. Será el comienzo de un entendimiento mayor, en un momento de increíble importancia. El cuidado que recibas de los médicos, las enfermeras y los asistentes será más amable porque tú les estarás dando algo de ti mismo". Le contesté que haría lo mejor que pudiera.

Llevé dos cajas de mi primer libro, *Cómo remontarse con las águilas,* y regalé ejemplares en todas las oportunidades. No importa quién entrara en mi cuarto, recibía un ejemplar firmado de mi libro. También hablé con todos aquéllos que eran parte de mi mundo inmediato en el hospital, y con todos los que participarían en mi operación al día siguiente.

Le puse especial atención al anestesista. Len era un inglés cálido, amistoso, eficiente y sensitivo. Cuando vino a verme la víspera de la operación, pasé más tiempo haciéndole preguntas a él que a todos los médicos y las enfermeras juntos. Le dije a Len que por la mañana, justo antes de anestesiarme, quería reunir a todas las enfermeras y los médicos alrededor de mi cama y ofrecerles un discurso motivacional Legge de 5 minutos. Un seguro de último instante.

"¿De veras?", dijo Len. "Y ¿qué va a decir?"

"¿Qué voy a decir? Diré: ustedes, doctores y enfermeras, hacen esta operación casi todos los días de todas las semanas. A ustedes se les considera los mejores del Canadá occidental. Es probable que la vean apenas como otra disección en otro cuerpo cualquiera, pero me gustaría decirles que para mí, ésta es la primera y única vez que me hacen esta operación. Hoy, ustedes estarán mejor que nunca en toda su vida, en todas sus funciones. Sus destrezas serán soberbias. No habrá efectos secundarios de ninguna clase. No habrá errores. Sólo una operación suave, bien ejecutada, ciento por ciento exitosa, la mejor que ustedes puedan hacer. Usé todo adjetivo estimulante que se encontrara en el libro, en el mío y en los de todos los demás.

"¡Magnífico!", dijo Len. "Quiero ver cómo va a ser".

A la mañana siguiente, a las 5, la enfermera me despertó y, como era de esperarse, me aplicó una droga para dormir. Luego me pusieron en la camilla y me llevaron a la sala de operaciones. En ella, toda clase de gente iba y venía, verificando el equipo, haciendo lo que sea que hacen esas criaturas con ropones verdes. ¿Afilar cuchillos?

Miré el reloj. Eran las 8:10 a.m. Hora del discurso motivacional. "Muy bien", dijo Len. "Sólo un pequeño ajuste antes de que usted empiece…", y mientras él hablaba, un mundo de nada se cerró a mi alrededor.

Volví a mirar el reloj. Eran las 8:15, sólo 5 minutos después. No; eran 12 horas y 5 minutos más tarde. Ya no me rodeaba la penumbra de la mañana. Había dolor, y un hospital de gran ciudad continuaba con sus asuntos en la oscuridad de una noche de invierno. El hecho se había cumplido. Las cosas iban a ser distintas, pero yo estaba muy vivo.

Vivo, pero no necesariamente el más feliz de los mortales. Venía la Navidad, y yo sabía que en esa época de celebración tradicional, cuando las familias invariablemente se acercan más, yo estaría aparte como una cara esencialmente distinta entre el grupo familiar. Tenía la mejilla envuelta en vendajes, pero sabía que debajo de todo eso había un marido de distinto aspecto, un papá de cara distinta, un tipo que no parecería el mismo en los podios del mundo. De aspecto diferente y esencialmente destrozado por dentro.

¿Habría, acaso, futuras presentaciones?, me preguntaba.

Tal vez había perdido el don. Ensayé la voz y era poco más que un graznido. Me moví en la oscuridad y me siguieron varios catéteres que tiraban dolorosamente de la carne. ¿Podría volver a manejar un palo de golf? Lo dudaba.

Mucha gente tiene problemas cuando visita a los enfermos en los hospitales, sobre todo con los que quedan diferentes de como eran cuando entraron. Los visitantes tienen que fortalecerse para estas ocasiones: tratar de no fijarse en los olores, los aspectos inesperados. Tienen que decirse: "Vengo aquí a hacer que esta persona se sienta mejor, y no importa lo que vaya a ver en esa cama, no me voy a acobardar".

Mi familia vino a verme temprano, y Kay y mis tres hijas se acobardaron. Se recobraron pronto, pero todas se fruncieron. Nunca se los echaré en cara. Es una de esas cosas que pasan cuando se recibe el impacto de una imagen inesperada. Sospecho que me veía bastante horrible.

Mi hija mayor, Samantha, se la jugó toda —y siempre le agradeceré que lo haya hecho. No recuerdo sus palabras exactas, pero sean las que sean, tenía toda la razón.

"Durante años, papá, has hablado de personas que terminan en situaciones como ésta, personas que han sido heridas y golpeadas, que, por cualquier razón, han sufrido daño físico y mental en la vida. Y lo que les has dicho es que deben vivir para el día de hoy y tener esperanza para el mañana…"

Ambos teníamos lágrimas en los ojos.

"Sí", le dije.

"Ahora es tu turno de ser el modelo. Ahora es tu turno de cavar hondo y sacar todas esas cosas que has dicho que son importantes en la vida: el valor, la esperanza, el amor, la fuerza de la familia. Estaremos contigo. Pase lo que pase".

Pete Legge

Chicos lanzan campaña para salvar la vida de un bebé moribundo

Al salir de su casa para su trabajo de maestro en la secundaria Kamiakin Junior, cerca de Seattle, Washington, el 26 de febrero de 1992, Jeff Leeland rezaba por Michael, su hijo. El niño había pasado por algunos exámenes de hospital, y ese día debían darle los resultados.

En enero, Michael había tenido neumonía; los exámenes revelaron que tenía la coagulación de la sangre en un nivel sorprendentemente bajo. Lo enviaron al Hospital de Niños y al Centro Médico.

A las 10 de la mañana, Jeff llamó a casa. "Hola, mi amor…¿qué pasa? ¿Qué tiene Michael?" La esposa de Jeff, Kristi, entre lágrimas, le repitió el diagnóstico: "Michael tiene síndrome de mielodisplasia. Es una enfermedad que precede a la leucemia". La voz de Kristi se quebró. "Necesita un trasplante de médula ósea".

Jeff sintió como si le hubieran dado con un mazo en el estómago.

Más tarde, Kristi y Jeff compartieron las noticias con sus otros hijos: Jaclyn, de 9 años, Amy, de 6, y Kevin, de 3. Los miembros de la familia debían hacerse exámenes de sangre con la esperanza de que alguno de ellos pudiera ser un donante elegible de médula ósea.

El 20 de marzo, Kristi llamó a Jeff a la oficina. Su voz emocionada le gritó: "¡Amy tiene la médula perfecta!". Era la primera prueba de esperanza tangible para la pareja.

Sin embargo, de modo inesperado, una nube oscura se proyectó sobre la esperanza. La póliza de seguros de los Leeland tenía un período de espera de 12 meses en los casos de beneficios relativos a trasplantes de órganos. Jeff había firmado para ese cubrimiento en octubre del año anterior.

Un trasplante de médula ósea cuesta 200.000 dólares, dinero que la familia no tenía. Y encima de eso, el trasplante debía hacerse pronto.

En soledad, una mañana de mayo, Jeff desnudó su alma herida. Al escribir en su diario las palabras formaron una oración a Dios, su única esperanza. Su niñito se estaba muriendo. En el silencio, una profunda calma le llegó al alma en un susurro. Dios tiene todo bajo control.

Unos días después, Dameon Sharkey, uno de los alumnos de Jeff, vino a verlo. A los 13 años, con dificultades de aprendizaje y pocos amigos, Dameon se enfrentaba a sus propias montañas de adversidad. El chico se acercó a Jeff y le dio los ahorros de toda su vida —doce billetes de 5 dólares. Después de abrazar a Dameon y de darle las gracias, Jeff se dirigió a la oficina del rector. Se pusieron de acuerdo en usar el regalo de Dameon para establecer "El Fondo Michael Leeland".

De allí en adelante, los Leeland fueron testigos de la increíble diferencia que pueden constituir los niños. En las semanas siguientes, los inspirados chicos de los primeros años de secundaria realizaron una caminata, una rifa y buscaron contactos en los medios de comunicación. Los de noveno año donaron el producto de su baile anual a Michael. Mary, una alumna de octavo año, consiguió 300 dólares en bonos de ahorro. Jon, un alumno de noveno, golpeó a las puertas de su vecindad. Los Leeland estaban asombrados de ese torrente de cariño.

Como resultado de las gestiones de los estudiantes aparecieron reportajes en los medios de comunicación locales. Después de leer sobre Michael, un hombre fue al banco con un cheque por 10.000 dólares y una niña de segundo grado donó el contenido de su marranito alcancía. Apenas una semana después del regalo de Dameon, la cuenta de Michael alcanzó los 16.000 dólares.

Una mujer estableció cadenas telefónicas para buscar oraciones y apoyo en todo el Estado. Un hombre, aunque estaba sin empleo y debía 35.000 dólares, mandó 10 porque "yo tengo mi salud".

Cuatro semanas después que el regalo de Dameon abriera las compuertas, el fondo llegó a más de 220.000 dólares. Michael tendría una segunda oportunidad.

En julio el niño soportó 12 días de quimioterapia y radiación, para destruir su médula enferma antes de que los doctores le hicieran la transfusión de las células sanas de su hermana. El día del primer cumpleaños de Michael, su familia recibió la gran noticia: ¡la cuenta de los glóbulos blancos del niño por fin había pasado del nivel aceptable! Una semana después, Michael pudo volver a casa.

Hoy, 3 años después, la enfermedad muestra una remisión. Los médicos dicen que Michael tiene un 95% de probabilidades de curarse de por vida.

Los Leeland rezan porque la compasión que demostró su comunidad no desaparezca, y porque Michael algún día sea tan desprendido como Dameon Sharkey, el muchacho cuyo regalo inició el fondo que salvó su vida, y que se convirtió en el eslabón vital de una cadena de amor*.

Jeff Leeland

---

* La familia Leeland ha establecido la *Sparrow Foundation*, una fundación sin ánimo de lucro que proporciona el dinero básico a los grupos de jóvenes dedicados a conseguir fondos. Para más información, escribir a: *The Sparrow Foundation*, 1155 N. 130th, Suite 310, Seattle, WA 98133, U.S.A.

Judy

Judy comenzó la quimioterapia poco antes de asistir por primera vez a uno de mis talleres. Como era necesario que sus amigos la llevaran y la trajeran en el auto por sus tratamientos, sintió que se estaba volviendo una carga para ellos. A causa de esos sentimientos, lo mismo que por los rigores de la quimioterapia, necesitaba desesperadamente cariño y apoyo. Muchos de los participantes en los talleres se sentían rechazados mientras maduraban, y estaban ansiosos por derramar cariño sobre alguien que sabían que no iba a rehusarlo. Era un poderoso proceso curativo. El grupo se acopló rápidamente, y yo decidí mantener su dinámica reuniéndolo cada mes.

En el taller siguiente, Judy compartió con buen humor su experiencia de pérdida del cabello, que según decía se le estaba cayendo a manotadas. "Tal vez voy a tener que hacerme un peinado punk y teñírmelo de rojo. Puede ser divertido", decía. Su valiente actitud nos sirvió de inspiración a todos. Ella le quitaba importancia a su actitud, diciendo: "La gente es fuerte en distintas áreas. Simplemente yo soy muy fuerte en ésta".

Nunca se hizo un peinado punk, pero sí empezó a usar

gorras —algunas llevaban monedas; otra, su favorita, tenía una hélice.

Un día me llamó cuando yo ya salía para el taller de diciembre. "Me hicieron quimioterapia ayer y estoy demasiado mareada para poder ir", me dijo. Le grabamos una cinta especial para ella en el taller, con mensajes de los miembros del grupo. Cuando se lo conté, lloró.

Después de 3 meses de incapacidad para asistir al taller, Judy nos hizo saber que contaríamos otra vez con su presencia. Cuando entró en el salón, la abrumamos con nuestros abrazos. Nuestra preocupación por su estado emocional no se expresó en palabras; una cosa es bromear con que se te caiga el pelo y otra que realmente se te caiga. Nos preguntábamos cómo había resistido la tensión.

Judy nos contestó la pregunta cuando se sentó y se quitó la pañoleta. Yo contuve las lágrimas y después me eché a reír mientras leía las palabras escritas en su cabeza calva: "¡Y *usted* cree que tiene un mal día con su cabello!"

Nancy Richard-Guilford

Red de ángeles

La petición de ayuda en la superautopista de la información tomó un nuevo rumbo este año cuando un paciente de cáncer escribió un SOS en el boletín de información de una computadora y llamó a la *Corporate Angel Network*, CAN*, (Red Corporativa de Ángeles), una organización sin ánimo de lucro que consigue cupos en aviones comerciales para los pacientes de cáncer que deben viajar a los centros de tratamiento de todos los Estados Unidos.

Jay Weinberg, vicepresidente de CAN, contó que un paciente de cáncer necesitado hizo su averiguación a través de la red nacional de computadores, Internet, y fue dirigido a CAN por otro suscriptor.

Y con esa simple dirección, otra persona se unió a las filas de la familia CAN de 8000 pacientes de cáncer que han logrado viajes a bordo de aviones comerciales.

Hace 14 años Weinberg se asoció con su amiga Pat Blum, para la creación de CAN. Ambos son pacientes

---

* Usted puede hacer contacto con la *Corporate Angel Network* escribiendo a CAN, Inc, Building One, Westchester Airport, White Plains, NY 10604, U.S.A.

recuperados, Pat de cáncer de seno hace 25 años, y Weinberg de melanoma hace 20. Por excepción, ambos vivían a menos de 45 millas del Centro de Cáncer Memorial Sloan-Kettering en la ciudad de Nueva York, y ninguno de los dos tenía que soportar un largo viaje desde su casa.

Pero aunque no tenían dificultad para hacer la conexión, se solidarizan hoy con "el viaje psicológico y emocional" que deben hacer los pacientes en el camino de la recuperación.

A Pat Blum se le ocurrió la idea de que los aviones comerciales podían ayudar a traer y llevar pacientes de cáncer cuando se encontró sentada en un avión en la pista del aeropuerto de Westchester County, en White Plains, Nueva York, esperando a que despegara una serie de aviones. Notó que muchos de ellos llevaban asientos vacíos.

Llamó a Weinberg y brindaron por su empresa con una taza de café. Eso fue hace 14 años, y en ese tiempo los 8000 y más pacientes de cáncer de CAN han viajado de ida y vuelta en los aviones de 550 compañías.

Entre éstas, 12 compañías han llevado a más de 100 pacientes cada una. Este año, el centésimo vuelo de AT&T fue Alexis Farrell, quien necesitaba un viaje desde su casa en Washington, D.C. hasta Nueva York, en donde la estaban tratando de deficiencia de autoinmunidad.

Hasta la fecha, el pasajero más joven de CAN fue una niñita de 15 días, Faith Miller, cuyo viaje desde su hogar, Pittsburgh, hasta la ciudad de Nueva York, también lo han hecho su hermana y su hermano, quienes comparten su problema genético.

Hasta ahora, el paciente de cáncer más viejo de CAN ha sido Emma Hughes, de 93 años. A pesar de su edad, ella misma conduce su auto desde Phoenix hasta el aeropuerto de Scottsdale, en donde toma el avión para ir a Denver a hacerse su tratamiento de cáncer.

Todo el trabajo para asegurar que los pacientes de cáncer estén bien cuidados en el aire, se hace en tierra. En las oficinas de CAN en el aeropuerto de Westchester County, un grupo de 3 empleados de jornada completa cuenta con la ayuda de 60 voluntarios que trabajan, 12 en cada turno, durante 5 días a la semana, para asegurar a los pacientes de cáncer que llegarán a sus tratamientos.

Este año, Blum y Weinberg produjeron un folleto para informar a posibles pacientes sobre el servicio.

Lo que una vez fue un archivo de tarjetas de colores guardadas en una caja de zapatos, la red de pacientes de CAN y la de compañías de aviación participantes se ha computarizado con la ayuda de Marian, la esposa de Weinberg, quien recientemente puso al día a CAN con un nuevo programa. Éste está diseñado para mantener el registro de los datos de los vuelos de por vida, y así mantener la organización constantemente lista.

The Corporate Angel Network

Escalar una montaña

Tal vez fueron los ángeles. Quizá fue el destino. Tal vez simplemente fue un golpe de suerte el que llevó al pequeño David a casa de Bob y Doris. Determinar cómo pasó todo no resulta tan importante como saber por qué la vida de David se entretejió tanto con la de la pareja. Al final, los tres juntos escalaron una montaña.

Pero antes de aparecer David, antes de que ambos maestros pensaran en casarse, antes de que su amor los hiciera cada vez más fuertes, a Bob le dieron 6 meses de vida.

Seis meses. Eso era todo. Ése era el tiempo que los médicos creían que le quedaba cuando descubrieron que el cáncer de los huesos le estaba pudriendo el brazo, y que un tumor del tamaño de una toronja se alojaba en su hombro izquierdo. El ávido aficionado al *surf* no creía, sin embargo, que su destino estuviera atado a una muerte tan temprana, y tampoco lo creían sus alumnos. Cada semana llegaban cerca de 100 cartas de estudiantes, maestros y padres, mientras Bob pasaba por irradiaciones, exámenes, radiografías y dosis gigantes de quimioterapia para reducir su tumor maligno. A pesar del dolor, a pesar de las operaciones, a pesar de que vivía en un armazón que le cubría medio cuerpo, Bob prometió a sus alumnos de octavo grado, a la mitad del curso, que estaría presente en su graduación al finalizar el año. Optó por los tratamientos experimentales de la Universidad de California en Los Ángeles. En lugar de amputarle el brazo izquierdo, le cortaron el tumor y le engancharon el hueso de un cadáver en el hombro para mantenerlo en su lugar.

Ésta no era la primera vez que Bob se encaraba con la muerte. Ya lo había hecho dos veces. Cuando tenía 16 años, sufrió un terrible accidente de automóvil que se llevó un tercio de su cara. Permaneció en cuidados intensivos por 2 semanas y le pusieron 150 puntos para ayudarle a reconstruir la cara. Luego sirvió en Vietnam como oficial y mientras conducía a sus hombres a una misión en un tanque, su supervisor le hizo señas para que volviera y le dijo que lo necesitaban. El supervisor cambió de puesto con Bob. El tanque, que salió sin él, después fue atacado y explotó. Todos sus ocupantes murieron. Y ahora le decían que tenía 6 meses de vida. Simplemente, él no iba a dejar que eso pasara. "Sólo escogí vivir", decía Bob más tarde. "No poner la vida en orden para morirse. No es simplemente eso. Es hacer lo que uno haría normalmente. Hoy voy a ir a la tienda. Hoy me voy al teatro. Hoy estoy vivo".

Una vez operado, Doris y varios maestros fueron a verlo sin saber si podría mover el brazo o volver a usarlo. Les mostró de inmediato a todos cómo le servía el brazo. ¡Les hizo un gesto de adiós!

Iba a la playa todos los días, y caminaba con su inmenso armazón. Aprendió el arte de la visualización en *The Wellness Community* (La Comunidad del Bienestar) y sólo se veía a sí mismo sano. Hizo lo que prometió y se presentó con armazón y todo en la graduación de sus alumnos. Éstos le dedicaron la ceremonia y él sabía que asistiría. Era un sobreviviente.

En 1983, la amistad de Doris y Bob floreció en amor. Se casaron, ambos a los 38 años, y querían tener niños. Tomaron dos caminos. Doris trató de quedar encinta aunque sabían que tenía endometriosis. Y Doris sabía que ambos podían ser padres adoptivos. Para ella, la consanguinidad era algo secundario cuando se trataba de la maternidad. Ya había criado a una niña de México que había sido abandonada por su madre. El padre de la niña se apareció en la clase de inglés que Doris dictaba, llevando a sus dos hijos, Olga de 10 años, y Sotero de 13, de la mano. Doris se enteró de que la madre de los chicos los había engañado llevándolos a los Estados Unidos a ver a su padre y prometiéndoles que volverían a casa. Pero nunca volvieron. Se mudaron con su padre y con más o menos otras 20 personas, a un pequeño apartamento.

Doris no podía aguantar tal cosa. Mientras más sabía sobre esa familia, más quería ayudar. Olga venía todas las noches a las clases, llorando y clamando por su madre. Estaba asustada, en un país distinto, y no sabía la lengua. Doris llevaba a Olga y a Sotero a Disneylandia y al cine. Comenzaron a venir a cenar y a pasar la noche. Por último, Doris sugirió a la familia que permitieran a uno de los niños irse a vivir con ella.

El hermano dijo: "Yo soy mayor y Olga necesita una mamá", recordaba Doris. Olga se mudó inmediatamente y Sotero las visitaba casi todos los días. Fue entonces —después de que Doris tuvo a Olga, hasta que se casó y consiguió un puesto de asistente en la escuela— cuando supo que podía querer a cualquier niño aunque no fuera suyo.

De manera que Doris y Bob se dedicaron a tratar de conseguir la adopción mientras procuraban tener un niño. Muchos amigos y colegas los desalentaron de buscar la adopción en los Estados Unidos. Las listas de espera eran larguísimas y los padres, les decían, cambiaban de idea. Entonces buscaron sus conexiones latinas. Después de todo, ambos hablaban español con fluidez y habían vivido en España. Doris también vivió en México y estaba muy familiarizada con esa cultura.

Ahorraron dinero. Asistieron a clases sobre adopción en el extranjero. Hicieron contactos en Argentina, Panamá y Colombia. Se comunicaron por computador con gente de todos los Estados Unidos. Se hicieron tomar las huellas digitales. El FBI los aprobó. Escribieron autobiografías de 15 páginas. Suministraron 10 cartas de referencias. Y Doris decía que había aprendido una gran lección de un grupo de padres que adoptaban: "No dejes pasar un solo día sin hacer algo que ayude al proceso de adopción. Entonces te sentirás capaz".

La pareja decidió que no les importaba el sexo del niño

ni la raza, e incluso, si tenía una incapacidad menor. Querían adoptar un niño hasta de 4 ó 5 años de edad.

Todas las noches, Doris llegaba a casa y se preguntaba si ese día había hecho algo que ayudara a la adopción.

Una tarde cayó en cuenta de que no les había pedido ayuda a varios médicos que conocía. Se sentó y escribió una carta donde preguntaba a un oftalmólogo, a un internista y a un ginecólogo si podrían ayudarlos a Bob y a ella a encontrar un niño para adoptar. Entonces, una tarde en una reunión de la escuela, se encontró con el padre de dos niños que ella tenía en sus clases. Era un cirujano ortopédico. Al día siguiente, Doris le envió la misma carta.

Pasaron meses. No habían sabido nada. Pero la adopción internacional parecía promisoria. Había surgido una posibilidad en Colombia y tenían que pasar allí 2 meses para conseguir un niño.

Unas semanas antes de haber enviado cerca de 4000 dólares y los papeles definitivos de adopción, sonó el teléfono. La esposa de un obstetra los llamaba para contarles que por haberse lesionado una pierna fue a ver al cirujano ortopédico a quien Doris le había escrito y que éste le mostró su carta, preguntándole si no podía hacer algo por esa pareja.

La señora sabía que la práctica de su marido no tenía relación con cuestiones de adopción. Muy rara vez sabían de algo relacionado con eso. Pero hacía poco había llegado al consultorio una muchacha de 17 años, encinta desde hacía 38 semanas; una católica que no aceptaba el aborto y que venía acompañada de su madre. La chica decía que se daba cuenta de que por ser muy joven era incapaz de hacerse cargo del niño. Cuando la esposa del obstetra volvió al consultorio, le mostró la carta a su marido. El obstetra quedó pasmado. Había recibido otras tres cartas de médicos en las que le recomendaban a la misma pareja. Decidieron hablar con la chica sobre Bob y Doris, y sobre cómo cuatro médicos distintos los habían recomendado para ser padres adoptivos. La chica quiso conocerlos de inmediato.

Doris no estaba tan segura. Temía que cuando la chica supiera que Bob tenía cáncer, no iba a querer que ellos fueran los padres del bebé. También, que si conocía a la chica, iba a querer intervenir en su vida. Como maestra, todo lo que Doris podía pensar era en guiar a la chica y ayudarla a recibir una buena educación. Bob y Doris decidieron averiguar si la madre de la criatura tomaría un consejero si ellos se lo pagaban. La joven accedió pero, en su calidad de madre, insistía en conocerlos a ellos.

Por fin, Doris y Bob accedieron. Decidieron verla en la oficina de su abogado. Doris nunca olvidará ese día. Miraba fijamente el pomo de la puerta de la oficina y cuando por fin éste giró, de golpe entró una rubia menudita de 17 años, con el pelo en una cola de caballo, vibrante de excitación y energía. La chica, su madre, el abogado, Doris y Bob se sentaron en círculo en la gran mesa de roble.

La chica miró a la pareja directamente a los ojos y les dijo: "Yo sé que esto es difícil para ustedes. Pero decidí que tenía que ejercer mis derechos de madre y conocerlos a los dos. Quiero que sepan que nunca iré a verlos para que me devuelvan el bebé, ni cambiaré de modo de pensar. Me considero reemplazada. Quería verles las caras sonrientes y felices al decirles que este bebé es para ustedes".

A Doris y Bob, a la madre de la chica y al abogado les brotaron las lágrimas. La chica consoló a su madre y cuando ésta ya dejó de llorar les dijo a todos que esas lágrimas eran realmente "lágrimas de alegría".

"Dijo que todos habíamos recibido una bendición", comentó Doris.

Por el momento, sin embargo, ninguno se dio cuenta de la calidad de la bendición.

David nació en octubre de 1986. Lo llevaron inmediatamente a casa, en donde Bob estaba con el armazón puesto y recuperándose de la última operación. Doris y Bob alimentaban a su niñito rubio de ojos azules —una criatura apenas— a quien le habían hecho una cuna con el anterior armazón de Bob. "Cabía perfectamente", decía éste. Durante el primer año de vida de David, Bob y Doris no trabajaron para poder unirse con el mayor regalo que habían recibido en su vida. Estaban así de enamorados del bebé.

Cinco años después, una mañana Doris estaba ayudando a David a vestirse, cuando se dio cuenta de que éste tenía las glándulas hinchadas. Lo llevó al pediatra, quien no le encontró nada mal. La voz interior de Doris le decía que persistiera. Lo llevó varias veces más al pediatra. Luego llamó a sus amigos médicos. Su sangre estaba muy bien, los rayos X no mostraban nada. Doris lo llevó a ver a otros doctores y finalmente visitó a un especialista en enfermedades infecciosas, quien sugirió hacerle a David una biopsia de las glándulas.

Luego el pediatra llamó y preguntó a Doris: "¿Además de las glándulas hinchadas ha habido algún otro síntoma, alguna otra cosa que usted recuerde?"

"Sudores nocturnos", dijo Doris. "Tiene sudores nocturnos". Allí comenzó el infierno.

Los exámenes revelaron finalmente que David tenía una forma rara de linfoma non-Hodgkin. Más tarde se le descubrió un tumor en el estómago. David terminó por quedar bajo el cuidado del doctor Jerry Finklestein, director del Centro de Cáncer para Niños Jonathan Jacques en el hospital Long Beach Memorial.

Finklestein sentó a David y a sus padres y les dijo que iban a hacer un largo viaje. Debían subir la montaña más grande que David hubiera visto y sería una dura travesía, con muchos picos y valles. "Pase lo que pase", le dijo el doctor a David, "tú tienes que verte siempre en la cima de la montaña —en la verdadera cima— y nunca dejar esa visión".

En los 6 meses siguientes, David entró y salió del hospital y recibió quimioterapia intensa. Le administraban algunas de las drogas más tóxicas . Doris dejó de leer los posibles efectos secundarios de las drogas —ceguera, sordera, náuseas— porque temía que el miedo la hiciera interrumpir el tratamiento. David se quedó calvo. Perdió las pestañas y las cejas. Le hicieron siete transfusiones de sangre que, según le decían, llevaban "magia" porque toda la sangre era donada por los amigos y la familia.

Era claro que David no pensó ni por un segundo que se moriría. Después de todo, veía a su papá. Su papá había tenido cáncer, y ahí seguía. A David le parecía que tener cáncer era normal, como tener un resfrío, sarampión o varicela. Pensaba que le había dado algo como lo que le había dado a su papá y que se iba a poner bien. Doris y Bob nunca le hablaron de la muerte. Creían que debían mostrarse en un frente unido y fuerte. Nunca le dejaron ver a David lo asustados que estaban.

Se mudaban al hospital y dormían en el suelo del cuarto de David cada vez que éste se internaba, a veces durante 20 días seguidos. La primera vez que a David le administraron quimioterapia, Bob sudaba tendido en el suelo. Revivía su propia experiencia y sabía perfectamente lo que estaba sufriendo su hijo.

Cuando David vomitaba a causa de la quimioterapia, sus padres le explicaban que su cuerpo estaba arrojando las células malas que le estaban haciendo daño. Y de nuevo vino la escuela. Llovían tarjetas. La gente hacía comida para la familia. Todo el mundo estaba pendiente de David.

Todo eso fue hace 3 años. David ahora tiene 9. Va normalmente a la escuela y no ha mostrado una sola mancha de cáncer en el cuerpo en 3 años. Hace poco se mostró tan compasivo y tan comprensivo con la enfermedad, incluso a su corta edad, que le escribió una cariñosa carta a una amiga de su madre a quien le diagnosticaron cáncer de seno.

> *Querida Winnie:*
>
> *Yo también tuve cáncer. Vas a perder el cabello, pero te vuelve a crecer. No te asustes. Si te duele la cabeza, ponte los dedos en las sienes, frótate hacia adelante y hacia atrás. Eso te alivia durante un minuto. La droga te hace dormir. No te concentres en la idea de la aguja, mira hacia otro lado. Te mejorarás pronto. Pon atención a tus doctores, porque ellos te darán instrucciones que tú entenderás. Di: "Peleo contra esas células malas. Peleo contra esas células malas". Después estarás más fuerte. No te preocupes. Tal vez vomites. Eso es porque las células malas y las medicinas están saliendo de tu cuerpo. Dile a tu marido, a tus hijas y a tu hijo que deben llevarte el desayuno, el almuerzo y la cena a la cama, y mira mucha TV. Te tengo en mis pensamientos.*
>
>

Con cariño,
David, 9 años

Doris y Bob saben que si la madre de David hubiera sido una joven de 17 años o tal vez cualquier mujer que no hubiera lidiado con el cáncer, no se hubiera fijado en las glándulas hinchadas, y la enfermedad hubiera corrido por el cuerpo de David como un incendio. Hasta hoy, creen que por la manera mágica como David llegó a ellos, debía llegarles para que le salvaran la vida.

Mientras David luchaba con su enfermedad, sus padres se ganaron un viaje a los lagos Mammoth.

Cuando él estaba mejor, 2 años después, escalaron la montaña Mammoth. Allí los tres juntos se pusieron a mirar hacia el cielo. Habían llegado a la cima.

Diana L. Chapman

Una aventura para recordar

*Es algo curioso en la experiencia humana, pero vivir
un período de tensión y tristeza con otra persona crea
un vínculo que nada parece ser capaz de romper.*

ELEANOR ROOSEVELT

Nos conocimos en enero de 1995. Aunque yo tenía 54
años y él era lo bastante joven como para ser mi hijo,
íbamos a pasar juntos muchas horas en las circunstancias
más íntimas.

Su cuarto era frío y destartalado, con una enorme
cama, dura como la piedra, pero con una agradable
claraboya que cambiaba de colores a medida que el
equipo de fotografía que él usaba daba la vuelta al cuarto.
Con frecuencia me dejaba sola en el cuarto, pero yo sabía
que él siempre estaba cerca y mirándome desde su punto
de observación. Éste no es el comienzo de una historia de
amor sino el cuento del joven doctor Wollman, mi
radiólogo.

Después de una operación del seno se volvió mi mejor

amigo. En la primera visita me hizo saber que iban a empezar 7 semanas de diversión. Me explicó en términos corrientes qué podía esperar y me mostró el cuarto y el equipo que iba a usar para irradiar mi seno izquierdo. La primera visita es la más larga, por lo menos 45 minutos de inmovilidad mientras se enfoca la máquina y se fijan en el cuerpo los puntos objetivo —mi primero y último tatuaje, de paso sea dicho. Después de las primeras 2 semanas de irradiación durante 5 días a la semana y por un total de 4 minutos al día, la zona irradiada toma el aspecto de una intensa quemadura de sol. No sólo eso, sino que el seno que están tratando pasa de la talla B a la C o mayor. Usar sostén no es posible y el calor que se irradia de la zona de tratamiento es increíble.

Es sorprendente lo que pasa por la mente mientras miras hacia la claraboya y esperas a que el tratamiento termine. Llegas a conocer a los que te cuidan lo mismo que a sus familias. Mi doctor Wollman y su personal estaban listos para levantarme la moral cada vez que pensaban que estaba decaída. Creo que a veces yo también les levantaba la moral a ellos. Puede que no lo supieran, pero el abrazo que siempre me daban al entrar al tratamiento, me compensaba por la incomodidad y el pánico que experimentaba todas las veces.

Durante esas 7 semanas, yo rezaba, contaba chistes y meditaba. Cuando llegó el momento de "graduarme", como lo llamábamos, lloré al decirle adiós a mi nueva familia. Sin embargo, todavía veo al querido doctor Wollman, y siempre están allí esa amplia sonrisa y el

abrazo cálido que me alegraron la vida durante el tiempo
de tratamiento. Nunca olvidaré a esos enfermeros y
espero que todo paciente de cáncer que necesite irradiación y quimioterapia sea tan afortunado como yo. Al
principio uno está asustado porque no sabe lo que viene.
Sin embargo, con el médico y la actitud acertados, casi
puede ser un recuerdo amable.

Me hicieron el primer mamograma en octubre y todo
está muy bien. Como mujeres, es importante conocer
nuestro cuerpo, y si un diagnóstico nos inspira dudas,
que nos hagan un segundo y hasta un tercero si fuera
preciso. Si mi nuevo médico no hubiera insistido en
sacarme un pequeño quiste, yo lo hubiera ignorado.
Seguiré viviendo la vida con plenitud y estaré aquí en la
misma época el año entrante y los que vienen. Después
de todo, hay muchos ocasos que contemplar y mucho
amor que dar. Tengo la esperanza de que si para todos
ustedes hay un doctor Wollman, podrán recordar su
aventura con cariño y sin remordimientos.

Linda Mitchell

Querido doctor Terebelo

Esa cosa intangible, el amor, el amor en muchas formas, es lo que entra en toda relación terapéutica. Es un elemento del cual el médico puede ser el portador, el vaso. Y es un elemento que liga y cura, que conforta y restaura, que logra lo que tenemos que llamar —por ahora— milagros.

Doctor Karl Menninger

Mayo 28, 1992

Querido doctor Terebelo,

Estoy tentada de decirle que quiero darle las gracias ahora que esto ya pasó, pero sé que no es así. Sé que durante el año que viene, cuando la mayor parte de mí misma esté riéndose y gozando, otra parte mía estará conteniéndose y mirando desde la sombra y rezando. ¡Pero, basta!

Lo escogí a usted como mi médico porque había oído

que era bueno y eso era lo que yo buscaba. Quería a alguien que realmente supiera del tema, que me diera los hechos, que fuera un buen clínico y me dejara en paz. Yo era fuerte. Yo podía manejar cualquier cosa. Gracias por saber del tema, por ser un buen clínico —y por no dejarme en paz.

Gracias por tratar de educarme. Cuando me dijeron que tenía cáncer, sentí como si de pronto hubiera perdido el control sobre mi propia vida. (¿Tal vez porque lo había perdido?) La única manera como podía siquiera empezar a luchar era aprendiendo. Gracias por darme acceso a todo, por ser honrado y por enseñarme —¡o por lo menos por tratar!

Gracias por decirme que yo no era cobarde, que hay una diferencia entre descansar y rendirse.

Querría darle las gracias por las medicinas, pero no soy así de masoquista. Lo que le agradeceré es todo el tiempo que gastó ayudándome a lidiar con las medicinas. Siempre me asombraba que cuando estaba en su consultorio usted nunca parecía tener prisa. Hasta cuando yo me portaba como una niña malcriada, usted me oía pacientemente. Gracias por haberme dado su tiempo con tanta generosidad.

Gracias por entender las lágrimas. Yo trataba de decirme que llorar estaba bien, pero odiaba las lágrimas. Sólo que estaba tan asustada. Nunca me he sentido más aterrada, frustrada o desvalida. Gracias por dejarme llorar y, sin embargo, conservar mi dignidad. (Todavía lamento no tener acciones de *Kleenex*.)

Gracias por todas las palmaditas y los apretones de mano —el contacto también puede ser curativo.

Gracias por tratar de enseñarme paciencia (creo que puede ser una causa perdida).

Y, no importa lo que traiga el futuro, muchas gracias por hacer lo mejor que pudo, por saber que, en especial cuando estoy asustada, necesito estar comprometida. Gracias por discutir conmigo cuando realmente era necesario. (Los más cercanos a mí piensan que usted es muy valiente.)

Con cariño,
Paula

P.D. Algo que por fin comprendí es que no hay una respuesta para toda pregunta, ni una cura para toda enfermedad. Nunca esperé que usted me curara. No lo hacía, simplemente, responsable por los resultados del tratamiento. Pero esperaba que usted hiciera lo mejor que pudiera. Al hacerlo se ganó mi confianza. Al darle importancia, se ganó mi respeto.

Paula (Bachleda) Koskey

Consejos prácticos para ayudar a las personas gravemente enfermas

- No me evites. Sé el amigo… la persona querida que siempre has sido.
- Tócame. Un simple apretón de mano puede decirme que te sigo importando.
- Llámame para decirme que vas a traerme mi plato favorito y dime cuándo vienes. Trae la comida en empaques desechables, de modo que yo no tenga que preocuparme por devolverlos.
- Cuida a mis hijos por mí. Yo necesito algún tiempo para estar a solas con la persona que amo. Mis hijos también pueden necesitar una pequeña vacación de mi enfermedad.
- Llora conmigo cuando yo llore. Ríe conmigo cuando yo ría. No temas compartir esto conmigo.
- Llévame a un viaje de placer, pero ten en cuenta mis limitaciones.
- Pide mi lista de compras y haz una entrega especial a mi casa.
- Llámame antes de venir a visitarme, pero no temas visitarme. Te necesito. Estoy solo.

- Ayúdame a celebrar las fiestas (y la vida) decorando mi cuarto del hospital o de la casa, o tráeme pequeños regalos de flores u otros tesoros naturales.
- Ayuda a mi familia. Yo estoy enferma, pero ellos pueden estar sufriendo también. Ofrécete para estar conmigo y que ellos puedan tener un descanso. Invítalos a salir. Llévalos a conocer lugares.
- Sé imaginativo. Tráeme un libro de pensamientos, música en casetes, un afiche para la pared, galletas para compartir con la familia y los amigos.
- Hablemos del tema. Tal vez necesite hablar de mi enfermedad. Averigua, pregúntame si estoy de ánimo para hablar de eso.
- No sientas que siempre tenemos que hablar. Podemos estar juntos en silencio.
- ¿Puedes llevarnos a mí o a mis hijos a alguna parte? Yo puedo necesitar transporte para ir a un tratamiento, a la tienda, al médico.
- Ayúdame a sentirme bien de apariencia. Dime que me veo bien, teniendo en cuenta la enfermedad.
- Por favor, inclúyeme en la toma de decisiones. Se me ha despojado de tantas cosas. Por favor, no me niegues la oportunidad de tomar decisiones en mi familia o en mi vida.
- Háblame del futuro. Mañana, la semana entrante, el año que viene. La esperanza es muy importante para mí.
- Tráeme una actitud positiva. ¡Es contagiosa!
- ¿Qué hay en las noticias? Las revistas, las fotografías,

los periódicos, los reportajes verbales me impiden sentir que el mundo me está dejando atrás.

- ¿Me puedes ayudar con el aseo? Durante mi enfermedad, mi familia y yo seguimos enfrentándonos con la ropa sucia, los platos sucios y una casa sucia.
- Ponle agua a mis flores.
- Sólo manda una tarjeta que diga: "Pienso en ti".
- Reza por mí y comparte tu fe conmigo.
- Dime qué quieres hacer por mí y, cuando yo esté de acuerdo, ¡por favor, hazlo!
- Háblame de grupos de apoyo en los cuales yo pueda compartir con otros lo que me pasa.

Centro de Salud de Saint Anthony

Esforzarse por recuperarse

En 1979, yo era la madre soltera de una niña de 11 años y de un niño de 8. Entonces tenía 37 años. Era la secretaria ejecutiva del presidente de una compañía de sistemas de oficina. Una mañana, mientras me vestía, me apunté el sostén por el frente y le di la vuelta. Al rozar mi seno izquierdo, encontré una protuberancia.

Yo no estaba advertida sobre el cáncer de seno; nadie lo había tenido en mi familia o entre mis amistades. Tal vez porque mi padre había muerto hacía 6 meses de un linfoma, llamé de inmediato a mi ginecólogo. Ni él ni el cirujano al cual me envió sospechaban que hubiera cáncer, pero me sugirieron una biopsia. Todos quedamos verdaderamente sorprendidos cuando la protuberancia resultó maligna. En 1979, mi única opción era una mastectomía radical modificada, y a los 4 días me operaron.

Mientras estaba en el hospital me visitó una voluntaria del programa de la *American Cancer Society's Reach to Recovery* (Programa de recuperación de la Sociedad Americana de Lucha contra el Cáncer). Entró y me dijo: "Hola, soy del programa de recuperación y a mí me hicieron la misma operación que acaban de hacerle a usted". ¡No puedo expresar el sentimiento de alivio y esperanza que me produjo el sólo ver lo linda, sana y feliz que se veía esa chica! En ese momento supe que algún día querría participar en ese programa.

No puedo decir con certeza por qué me repuse tan pronto, pero sé que el tremendo apoyo de la familia y los amigos tuvo mucho que ver. A menudo me pregunto si el agudo dolor que experimenté —y que todavía sentía— por el fin de mi matrimonio de 11 años pudo, en realidad, haberme ayudado; el cáncer me parecía insignificante en comparación con lo que había sido la inminencia del divorcio. Pero la necesidad de atender a mis hijos y la de ayudar a mi madre a recobrarse de la reciente pérdida de mi padre, me dieron valor para recuperarme de la operación y reconstruir mi vida.

Dos años después reanudé mis relaciones con mi primer novio, quien se había ido a Nevada cuando estábamos en la secundaria. Tuvimos una relación telefónica a larga distancia durante unas semanas, en las cuales mencionó una posible visita. Pero en esos momentos yo no le había hablado aún de la mastectomía. Su madre había muerto de cáncer de los ovarios, y no me sentía segura de cómo reaccionaría. Me pareció mejor contarle para que no se viera forzado a hacer el viaje.

De modo que, simplemente, le dije: "De paso, una cosa que no te he contado es que hace un par de años tuve cáncer de seno y me hicieron una mastectomía".

Hubo un silencio en el teléfono. Luego me dijo:

"¿Cómo están tus dientes, te han hecho algún puente?" Ross y yo nos casamos 6 meses después en el rancho de un amigo, en la zona rural de Nevada.

Habíamos discutido sobre la posibilidad de una recurrencia, de manera que en cierto modo estábamos preparados cuando, 18 meses después, me descubrí un bulto en el otro seno. Me propusieron una lumpectomía, pero opté por otra mastectomía por muchas razones, incluso cosméticas —¡ahora podía ser de la talla que quisiera!

Otra vez tuve la bendición de no tener nódulos malignos y de recobrarme fácilmente. Debo admitir que esta vez estaba bastante furiosa. Me había cuidado mucho, estaba muy feliz y mi vida parecía ir bien. Por fortuna tenía muchas actividades y compromisos para mantenerme ocupada. También me había encargado del programa de recuperación en Reno, lo cual me ayudó en mi propio proceso.

He disfrutado de 14 años como voluntaria del programa, coordinadora de unidad y, actualmente, coordinadora de la división de Nevada. ¡Es tan satisfactorio visitar a las pacientes a quienes les acaban de diagnosticar un cáncer de seno, y ofrecerles una visión positiva!

Aunque yo no decidí que me hicieran cirugía reconstructiva, me doy cuenta de lo importante que este procedimiento es para algunas pacientes. Tuve el placer de testificar en la legislatura de Nevada, en 1983, a favor de una norma que ordenaba a las compañías de seguros que cubrían mastectomías, cubrir también la reconstrucción. La norma fue aprobada. Le presté ayuda a la *National Breast Cancer Coalition* (Coalición Nacional del Cáncer del Seno) y estoy orgullosa del progreso que se ha hecho en materia de investigación como resultado de sus esfuerzos. En la actualidad hablo a algunos grupos para recomendar el descubrimiento temprano —exámenes clínicos, autoexámenes y mamografías. En noviembre de 1994 participé en una campaña en toda la ciudad que se llamó "Examen de la amiga", que animaba a las mujeres a recordarse mutuamente el hacerse los autoexámenes todos los meses. Ha tenido resultados positivos, y yo sigo representando el programa a través de intervenciones personales y a través de los medios de comunicación.

Tres años después de mi segunda mastectomía, me diagnosticaron leucemia linfocítica aguda y pasé por 15 meses de quimioterapia intensa y radiación que ciertamente capturaron mi atención. Creo que experimenté todas las emociones y los efectos secundarios posibles —toda una montaña rusa: ni un solo pelo en la cabeza durante más de un año; debilidad, fatiga, náuseas y peladuras en la boca, altos y bajos emocionales—, pero definitivamente más días buenos que malos; más "altos" que "bajos". Creo que las experiencias exitosas con el cáncer de seno me prepararon para esperar buenos resultados, ¡y estoy contenta de estar en mi noveno año de remisión! Las tres experiencias de cáncer me inspiraron el deseo de volver a la universidad y obtener un grado en desarrollo humano y estudio de familia —¡un grado a los 50! Ahora atiendo pacientes de cáncer en un gran centro médico, lo cual me relaciona con ellos y sus familias. También ayudo a un grupo semanal de apoyo para pacientes de cáncer en el hospital, hago consultas personales y coordino el programa *I Can Cope* [Puedo manejarlo] de la Sociedad de Lucha contra el Cáncer. Creo muy firmemente que los pacientes de cáncer necesitan ver personas que hayan "estado allá" y que les ofrezcan a los sobrevivientes, a sus familiares y a los que están en tratamiento una oportunidad de explorar todas las ideas, los recursos y las teorías, todo lo necesario para curarse.

Estoy muy agradecida de seguir aquí para gozar de la vida con un esposo que no me ha abandonado un minuto durante los últimos 14 años. ¡Tuve la gran emoción de ver a mis dos hijos graduarse de la universidad y de planear la boda de mi hija en junio de 1995! Mi hijo acaba de comprometerse y se casará el próximo verano. Mis experiencias con el cáncer enseñaron a mis hijos que éste no es necesariamente una sentencia de muerte, y también aprendieron algo sobre cómo enfrentarse a la adversidad y triunfar.

¿Qué consejos le daría a alguien que se enfrenta al reto del cáncer? Todos somos muy distintos y cada situación es única, sólo puedo hablar de lo que a mí me sirvió:

1. Mantener una genuina y cercana asociación con su médico, lo cual incluye recibir tanta información y educación como se desee.

2. Confiar en que cualquier terapia (quimio, radiación o ambas) va a servir.

3. Dejar que el cuerpo le dicte su nivel de actividad —no excederse; en los días "buenos", hacer algo divertido o significativo.

4. Visualizarse a usted mismo sano, fuerte y vital, y llevar esta imagen en la mente varias veces al día y antes de dormirse.

5. Permitir a las personas que hagan cosas por usted —es el mejor regalo que puede hacerles cuando se sientan inútiles.

6. Hacer una lista de todas las cosas que quiere hacer y de los lugares que quiere ver antes de morir, y repasarla frecuentemente.

7. Ponerse en contacto con cualquier creencia espiritual que tenga significado para usted y hacer de ella una ayuda para curarse.

8. Mantener una "actitud positiva", todo lo más posible, pero no volverse prisionero de ella. Está bien (y es normal) tener algunos días malos, llorar y gritar "¡No es justo!". Confíe en que esos sentimientos pasarán.

9. Unirse a un grupo de apoyo y tratar de copiar los mecanismos y las técnicas para reducir el estrés que otros le sugieran. Luego, seguir yendo al grupo para inspirar a otros, cuando ya se haya mejorado.

10. Andar más lentamente y apreciar los detalles maravillosos y los milagros que ocurren de un momento a otro.

Creo que amo mi trabajo por la increíble inspiración

que tengo el privilegio de encontrar todos los días con los pacientes de cáncer. Hay un aura de fuerza y valor que permea la unidad de oncología y pasa a través del grupo de apoyo. La siento en las conversaciones telefónicas, lo mismo que en los cálidos abrazos que intercambian diariamente los pacientes, sus familias y sus amigos —como si de algún modo la fuerza y el amor fueran contagiosos y curativos. ¿Recomendaría que a todos les diera una pequeña dosis de cáncer para que se sientan así? ¡No, por Dios! Sí creo, sin embargo, que mi vida no sería tan preciosa y significativa si no hubiera pasado por la experiencia del cáncer.

Sally deLipkau

Una misión especial

Yo no me imaginaba, en abril de 1986, hasta qué punto me iba a alterar la vida un "agrupamiento de micro-calcificaciones". Sea que se tratara de la voluntad de Dios, la mala suerte, el destino o una fuerte predisposición genética (mi madre, dos tías, y una hermana también tuvieron que enfrentarse al cáncer de seno), mi vida se vio grandemente afectada por ese primer diagnóstico.

Yo soy la Hermana Sue Tracy, O.P. (Orden de Predicadores), una polaca-norteamericana de 55 años, hermana dominicana de Grand Rapids. Mi hogar original está en Detroit, pero mis 36 años de convento me han dado varios "hogares" a lo largo del camino. He ejercido mi ministerio en la enseñanza en los primeros y los últimos años de la secundaria, en la dirección de vocaciones de mi congregación religiosa, en las parroquias del norte de Michigan, y ahora en la capellanía del hospital. Desde 1989 he servido como directora del servicio pastoral en el Mercy Hospital de Toledo —mucho más una felicidad que un trabajo.

Un enfoque especial de mi ministerio en el hospital ha

sido el contacto con personas que se enfrentan al cáncer y con sus familias. La interacción con tantas personas fuertes fue uno de los bellos efectos secundarios del cáncer. Cuando cumplí 50 años, en 1990, me hice voluntaria de la Sociedad Americana de Cáncer Cansurmount, y agregué la Unidad del Condado de Lucas a "mis hogares" —en verdad, un lugar de consuelo y desafío.

En enero de 1993 volvió el cáncer. Surgieron tres cosas: primera, quería glorificar a Dios, pasara lo que pasara; segunda, quería aprender las lecciones de vida inherentes a esta recaída del cáncer de seno, y tercera, quería seguir activa trabajando con los médicos, no como una víctima sino como una compañera. Por mi parte, me sentí muy responsable en el proceso curativo.

Mis contactos en la Sociedad Americana de Cáncer han sido una parte vital de la experiencia curativa integral desde mayo de 1986. El programa de recuperación fue el primer contacto que fortaleció mis vacilantes esperanzas. La organización *I Can Cope* [Puedo manejarlo] me sirvió como un medio eficaz para disminuir mi terrible miedo a la quimioterapia; la campaña "Véase bien… Siéntase mejor" fue un regalo de dos horas de gozosa conexión con otras mujeres con quienes agotamos una mina de maquillaje gratuito. Este año, en junio, tuve el privilegio de compartir mi historia en los cuarteles de la Sociedad Americana de Cáncer, en Dublin, Ohio. Durante los últimos 8 años la Sociedad Americana de Cáncer ha sido un valioso compañero en mi viaje del cáncer.

No, yo no hubiera escogido libremente el cáncer una

primera o una segunda vez. Sin embargo, hoy proclamo que no cambiaría todo lo que he aprendido, vivido, reído y amado a causa de él. No me considero una simple sobreviviente del cáncer con un genuino respeto por ese término comúnmente usado. Me veo como una persona que aprovechó su cáncer. Mi actitud básica es de gratitud. Sé que mi actitud no garantiza que esto no pase otra vez, pero no vivo sólo conteniendo el aliento. Atesoro la vida. Con una dieta cuidadosa, ejercicio moderado, actitud positiva y oración diaria, me mantengo en marcha. Creo que Dios me ha conferido la misión especial de acompañar y apoyar a los compañeros en el viaje del cáncer. De modo que, en medio de las altas, las bajas y las intermedias, me siento generosamente bendecida.

Hermana Sue Tracy, O.P.

7

SOBRE INTROSPECCIONES Y LECCIONES

La vida es una sucesión de lecciones que se deben vivir para aprenderse.

Ralph Waldo Emerson

Lecciones que me enseñó el cáncer

Qué gran experiencia es tener cáncer. Mi vida será distinta todo el tiempo que viva. Y, sí, yo soy una de ésas que quieren vivir hasta los cien años. Una enfermera excepcional en la clínica me dijo que "viviera cada día hasta el máximo". ¿Sabe usted qué resultó ser el máximo? Cuando ya estaba en pie otra vez después de dos operaciones en cinco semanas, fue estar colgando la ropa al sol con un gato frotándose contra mi pierna.

CARYN SUMMERS, R.N.

Soy habitualmente una mujer sola y ocupada, razón por la cual acostumbro demorar los asuntos relacionados con la salud hasta el momento en que llegan al estado "crítico". De manera que pasaron varios meses antes de que fuera a un internista para que me examinara una glándula hinchada, bajo una oreja, que seguía así en lugar de deshincharse con el tiempo. Después de un examen, el doctor me sugirió "no molestarla" si ella no me molestaba a mí. Seguí su consejo explícitamente, y él me trató otros males menores en un período de tres años. Un día lo llamé para que me enviara a un dermatólogo. Las manos me habían estado picando durante varias semanas. Mi médico me sugirió entonces que fuera a su consultorio, y convino en que si él mismo no me podía tratar la comezón, me enviaría al dermatólogo. En esa visita le recordé mi glándula constantemente hinchada. Pareció impresionado de no haber oído de ella antes. Entonces le sugerí que verificara sus notas sobre mi visita de hacía tres años. ¡Allí estaba! Y varias semanas después me encontraba en cirugía para que me extrajeran una glándula parótida maligna. Me descubrieron otros tumores en el pecho y en la parte de atrás de la nariz. El diagnóstico fue linfoma. El pronóstico era un 40% de probabilidades de sobrevivir 5 años.

Mi primera reacción fue de confusión. Me preguntaba: "¿Qué voy a hacer ahora?" Examiné las posibilidades. Puedo cavilar, como he visto que hacen tantos otros. Puedo resentirme con la gente que me rodea, ponerme furiosa con Dios, alejarme y aislarme en mi dilema — también eso lo he visto. He oído hablar de algunas reacciones fatalistas en las cuales los pacientes deciden que "de algo tenían que morirse", y se dejan llevar pasivamente a la muerte. Había otras muchas maneras que tuve en cuenta; pero hice una que llamé la escogencia "interactiva". Escogí participar en las decisiones que afectaran el resto de mi vida —no importa qué tan larga fuera; ¡fue una buena decisión!

Empecé a leer y a aprender sobre mi enfermedad. Leí

sobre el porcentaje de sobrevivientes entre los pacientes de cáncer que se ajustaban a mi perfil demográfico. Leí sobre los ensayos clínicos en el tratamiento experimental. Leí sobre la variedad de terapias químicas que se habían usado, y sobre los efectos secundarios relacionados con ellas. Consulté a una enfermera que trataba a pacientes de cáncer y que trabajaba con oncólogos. Leí todo lo que la Sociedad Americana de Cáncer había impreso sobre mi enfermedad. En las dos semanas que transcurrieron entre la operación y mi primer tratamiento de irradiación, estaba preparada para hacer escogencias informadas sobre tratamientos. La primera lección que aprendí fue: infórmate antes de decidir. Los tiempos difíciles son mucho más fáciles de soportar cuando son el resultado de la propia elección.

Antes de que toda decisión fuera definitiva, yo preguntaba: "¿Cuáles son las opciones?" y luego, "¿Cuáles son las consecuencias de esas opciones?". Los médicos estaban exasperados al principio, pero llegó el momento cuando esperaban que yo dijera la última palabra. Toda escogencia que hacía era difícil. Por ejemplo, podría esperar otro año sin tratamiento esperanzada en que la operación hubiera sacado todo. Podía completar un programa de terapia de radiación y esperar que ésta disolviera todos los tumores. O podía someterme a la radiación, a varios tratamientos de quimioterapia, y además de eso, a una operación de médula ósea (siempre y cuando el cáncer se detuviera). Escogí el tratamiento comprensivo (radiación, quimioterapia y regeneración de la médula

ósea, además de la cirugía). No me he arrepentido de
ello. La segunda lección que me enseñó el cáncer fue: no
evitar escogencias duras. Somos más fuertes de lo que
creemos.

En mis lecturas descubrí los libros y las videocintas del
doctor Bernie Siegel. Él fundó el grupo "Pacientes de
Cáncer Excepcionales" (ECaP), de renombre en los Estados Unidos. ¡Descubrió que, entre sus pacientes, los
que sobrevivían meses y años, más allá de lo que se les
pronosticaba, eran quienes participaban en las decisiones
sobre los tratamientos! En su libro *Amor, medicina y milagros,* el doctor Siegel hace una pregunta muy importante:
¿qué te permitirá hacer esta enfermedad que no hubieras
tenido el valor de hacer antes? Antes de mi enfermedad,
no tenía el valor de decir no. Estaba cansada pero me
esforzaba. No creía en las cosas que estaba haciendo,
pero las hacía de todos modos para que otros me
aprobaran. Demoraba las cosas que yo misma quería
hacer porque prefería la aprobación de gente que me
parecía más significativa que yo. El cáncer cambió todo
eso. Me permitió decir no. El cáncer me permitió hacer
cosas que había querido hacer durante mucho tiempo:
¡descansar… acostarme a leer… dejar que la gente
viniera a mí… ponerme yo primero! La tercera lección
que me enseñó el cáncer fue: amarme más a mí misma.
Ése era el amor que yo había estado anhelando.

Debo ser muy clara con la siguiente lección: busque lo
bueno en todas partes y encontrará lo bueno en todas
partes. Al comienzo de mi tratamiento me enrolé en un

curso de oratoria pública y relaciones humanas de Dale Carnegie. Cada persona debía escoger un principio para practicarlo en beneficio de todo el grupo. El principio que escogí fue: no criticar, condenar o quejarme. De inmediato, empecé a ver lo bueno en dondequiera que lo buscara. Por las noches, cuando el dolor circulaba por mi cuerpo como un satélite invisible y no había podido dormir durante lo que me parecían días enteros, estaba envuelta en un aura impenetrable de paz y confianza. Aprendí a experimentar más profundamente el significado de la gracia.

A mediados de octubre se me cayó el cabello. Como el clima era demasiado frío para llevar la cabeza calva, tenía que encontrar una forma de cubrírmela que estuviera a tono con mi guardarropa y mi personalidad. Escogí las gorras de béisbol. De hecho, ahora tengo una amplia variedad de ellas; pero mi favorita era una color fucsia. La usaba en todas partes. Y ahora que el cabello me volvió a crecer, la sigo usando. Entonces, la gente me miraba y se reía, pero eso —por lo menos para mí— era preferible a que me miraran con lástima. ¿Cuál fue el principio de esa lección? ¡Gozar del humor en mis circunstancias! Esto ayudaba a las otras personas a encontrar coraje en mi actitud.

Luego decidí vivir más vigorosamente. Uno de los sueños que había abandonado por completo era terminar la universidad. Obtuve un préstamo para estudiantes, me matriculé en las clases de tiempo completo mientras trabajaba también tiempo completo, y no perdí sino una clase en 14 meses. En febrero 11 de 1993 me gradué en gerencia y comunicaciones, en la Universidad de Concordia, en Wisconsin, con una calificación *summa cum laude* y pronuncié el discurso de clausura en nombre de mi clase. Después de un descanso de 8 meses me enrolé en un posgrado, y en otro año completé un máster en gerontología con alto puntaje. ¡Podemos hacer todo mediante el poder de Cristo (quien, creo yo, es Dios que reside en nosotros)! Sobrevivir al cáncer, de hecho, me dio la capacidad de creer que podía hacer ¡*cualquier* otra cosa!

En los últimos 4 años he sido consejera voluntaria de *Cansurmount* (grupo de apoyo en la lucha contra el cáncer), sobre todo para seguir en contacto con la fuerza que el cáncer me enseñó. Aunque mi experiencia parece beneficiar e inspirar a muchas personas, yo me enriquezco y me fortalezco al hablar con quienes apenas comienzan sus tratamientos. En febrero 11 de 1994 —el tercer aniversario de mi mejoría— recibí una llamada de la directora de *Cansurmount*. Quería saber si podía aconsejar a otra paciente con un diagnóstico igual al mío: Jacqueline Kennedy Onassis. Acepté y muy alterada escuché lo que ella me decía sobre cómo hacer contacto con la señora Onassis. Mi siguiente lección era clara como el cristal: todos somos uno. En el gran esquema de las cosas, nuestro denominador menos común es la voluntad de tener éxito.

Este año, el Día Nacional del Sobreviviente de Cáncer celebré 4$^1/_2$ años de remisión de la enfermedad, compartiendo con otros que celebraban las lecciones que aprendí. Creo que uno de mis puntos más importantes fue éste: entre quienes vemos el cáncer como un desafío y quienes lo ven como una maldición, la primera distinción consiste en saber si nos vemos a nosotros mismos como vencedores o como víctimas. Como sobreviviente del cáncer, proclamo que las lecciones más importantes de mi vida me las ha enseñado esta enfermedad —un maestro severo. Me ha enseñado el mejor modo de vivir: hacer escogencias informadas. No evitar las escogencias difíciles. Quererme más. Buscar lo bueno en todas partes y encontrar lo bueno en todas partes. Gozar del humor en mis circunstancias. Vivir vigorosamente y recordar ¡que todos somos uno!

Si tuviera que reducir todas mis lecciones a una moraleja concisa, diría: ¡Dios está aquí, ahora! Como todo lo que ha tenido algún significado en mi vida, el modo de verlo depende de cómo se mira.

Bernadette C. Randle

Estrella de mar a pesar de todo

Cerca de 8 semanas después de mi primera mastectomía, en el mes de junio acepté acompañar a mi marido en un viaje de negocios a Connecticut y Rhode Island, creyendo que podría descansar lo necesario y no excederme. Con el fin de estar seguros de que equilibrábamos el placer y las reuniones de negocios, mi marido me preguntó si había algo especial que quisiera hacer mientras estábamos en esa bella parte del país. Como nací en Arizona, con desierto y sequedad, siempre he tenido un genuino amor por el océano. Sugerí que, de ser posible, tratáramos de bajar hasta la playa de Newport. Para mí hay algo terapéutico en el océano. Las olas, caminar en la arena, mirar la marea, sólo experimentar la presencia del océano. De algún modo pensaba que me iba a sentir más conectada con la naturaleza, conmigo misma y con el proceso curativo.

Armados de un mapa y con las indicaciones de la señora que nos vendió los almuerzos en caja, nos pusimos en camino. El viaje en auto era bello y mucho más corto de lo que esperábamos.

Reunimos nuestras cosas y nos dirigimos a la orilla.

Estaba ansiosa de quitarme las sandalias y meter los pies
en la arena húmeda. Cuando llegamos a la cima de una
colina, la playa parecía una colcha de retazos de toallas de
colores. Nunca en la vida vi tanta gente en tan poca arena.
Tejimos nuestro camino por entre la multitud, hacia el
agua. Cuando iba a dar un paso, vi una bella estrella de
mar. Me dije: "¿Cómo puede ser esto?". Con toda esa
gente, y nadie la había pisado o se había agachado a
recogerla. Me sentía tan emocionada como una niña.
Para mí era magia: mi propio regalo personal del mar.
Luego me di cuenta de algo único en esta estrella de mar
en particular. Tenía un mensaje. Un mensaje muy especial.
Uno de sus brazos estaba doblado y enrollado alrededor
En ese momento, en alguna parte en lo profundo de mí,
tuve una abrumadora conciencia, una comprensión de
significado. Esta criatura no era menos estrella de mar
por tener un brazo doblado, y yo no era menos mujer por
haber perdido los senos. Lo llamé mi "momento de
gracia". Me di cuenta de que no era un accidente el
habérmela encontrado en *esa* playa, *ese* día, en *ese*
momento.

Esa experiencia simplemente era una respuesta a mi
plegaria. Sabía que iba a sobrevivir al cáncer de seno
desde ese momento en adelante. Además, tenía un mensaje que compartiría gustosa con otros.

No importa cuáles sean nuestros reveses, dificultades
o dolores, podemos salir adelante. Sólo mediante esos
momentos de infierno llegamos lo bastante adentro de
nuestro ser y descubrimos quiénes somos, qué creemos

y qué es importante y real en nuestra vida. Experimentamos un "conocimiento de nuestra alma".

Hoy día tengo a mi pequeña estrella de mar en una mesa especial en casa. Cada vez que paso, pienso en su mensaje. Estoy agradecida por la visión interior que el haber tenido cáncer me dio, y por la relación con un Poder más Alto que me bendice con pequeños milagros todos los días. Más que todo, estoy agradecida de saber con el corazón que no soy menos mujer por haber perdido los senos con el cáncer. Soy más que mis limitaciones.

Katherine Stephens Gallagher

Una experiencia verdaderamente instructiva

En un nublado día de verano, me senté sobre mi morral, mi saco de dormir y mi almohada a esperar la partida. Estaba llena de excitación y de nerviosismo inoportuno, insegura de lo que me reservaban los próximos 9 días. Por primera vez me disponía a servir de voluntaria en el Campo Ronald McDonald para los Buenos Tiempos, un campo para pacientes de cáncer de edades entre 7 y 18 años. Como no tenía idea de que ésta iba a ser la semana más asombrosa de mi vida, me enfrentaba a complejos interrogantes: ¿Qué pasa si tengo un caso de emergencia entre quienes acampan? ¿Qué hacer si me dan un grupo que no puedo controlar? ¿Qué pasa si no puedo manejar la increíble experiencia emocional?

Me tranquilicé cuando me pusieron en pareja con una consejera maravillosa, quien había estado ya dos veces en el campo. Mary Anne y yo nos entendimos al instante. La orientación previa al campamento terminó y ya era tiempo de bajar la colina para recoger a los chicos. Cuando nos acercábamos al Hospital de Niños de Los Ángeles, sentí como si me aletearan mariposas en el estómago. Una de las consejeras veteranas debió de haberse dado cuenta de mi ansiedad porque me rodeó con los brazos para darme un abrazo y hacerme un simple guiño para devolverme la confianza.

Decidí lanzarme y empezar a divertirme con esos niños, que habían viajado desde todas partes entre San Diego y Bakersfield, para olvidarse de sus problemas y disfrutar de una semana de alegría. Algunos de los visitantes estaban reconociéndose con amigos de los veranos pasados. Otros se quedaban con sus familias, en una posición embarazosa de no querer realmente pegarse a sus mamás, pero sin estar convencidos de que desprenderse era algo que debía hacerse ya.

Mientras contemplaba la escena, vi a unos pocos con amputaciones, a algunos en sillas de ruedas, y a un grupo con cabezas calvas escondidas bajo sombreros o bufandas, pero la mayoría de los que iban a acampar se veían tan sanos como cualquier chico de su edad. Noté que había unos cuantos visitantes experimentados que cantaban canciones de campamento en un círculo. Como éste era mi primer año, no conocía la letra y los movimientos de mano del "Super Lagarto". Con un balón en la mano, me acerqué a un grupo que cantaba "Soy demasiado bueno para Super Lagarto". Les dije: "Hola, soy Lisa. ¿Quieren jugar con el balón?". Con toda honradez, desconocía cómo organizar un juego de fútbol, pero creo que les soné convincente porque al poco tiempo todo el mundo sonreía ampliamente. El grupo se estaba divirtiendo, y me pareció que una semana era demasiado corta para estos juegos. Estaba en el paraíso, divirtiéndome tanto como los chicos y disfrutando al conocer a todos los pacientes, mientras reclutaba más jugadores. El grupo no demoró en integrarse. Los muchachos trataban de lucirse con las niñas, mientras ellas desplegaban sus habilidades atléticas, o bien se contentaban con examinar a los varones. Una chica me dijo que ya sabía que quería invitar a Michael a la fiesta que se realizaría días después.

Llenamos el bus y supe que esa semana iba a ser estupenda. En el campamento nos asignaron nuestras cabañas. La cabaña 4 constaba de 8 chicas de 11 a 13 años, Mary Anne y yo. Nos mantuvimos pegadas como con goma a lo largo de todas las emocionantes actividades de la semana. Teníamos diez personalidades distintas y no todas eran ángeles. Sin embargo, había algo raramente maravilloso en estar confinadas a un espacio muy pequeño, donde no había sino dos espejos, y las huéspedes se levantaban a las 6 a.m. para ser las primeras en usar las duchas.

Una noche, cuando la cabaña 9 estaba pasando la noche en la tienda india —cada cabaña tenía un turno para comer y dormir en una gran tienda indígena— yo regresaba de llevar a Misty a tomar sus medicinas nocturnas. Acabábamos de volver al calor de nuestros sacos de dormir, y no pasaron 5 minutos antes de que el cáncer se trajera a cuento. Me senté, quieta como un ratón, sin saber qué iba a pasar. "Entonces, ¿qué clase de cáncer tienes?". Todas compartieron sus diagnósticos y luego, sin que mediara una pausa, alguien dijo: "Bueno y ¿quién creen ustedes que es el muchacho más lindo del campamento?" Habían satisfecho su propia curiosidad, además de fortalecer el vínculo que ya compartían. Fueron unos pocos momentos intensos, pero a estas chicas no les tomó mucho tiempo continuar hablando de los temas importantes para su edad —tal como los muchachos. Con todo, esas chicas eran asombrosamente maduras, y poseían más fuerza y sabiduría que algunas personas que les doblaban la edad. En el curso de la semana yo casi había olvidado que estaban enfermas. Batallaban todos los días contra el cáncer, una enfermedad que muchas veces asociamos con los adultos. El cáncer es un tema con el cual la mayoría de nosotros no puede enfrentarse con facilidad o ligereza. Estos niños estarán siempre afectados por él, pero durante una semana en el año viven libremente, rodeados de esperanza, inspiración, apoyo y amor, con chicos iguales a ellos.

Fue la última noche del campamento después de la emocionante fiesta. La energía abundaba en la cabaña 4. Mary Anne y yo por fin calmamos a nuestras pequeñas bailarinas lo suficiente como para ir al comedor, a una reunión del personal directivo. Mientras dos consejeras patrullaban el área, teníamos un descanso de 2 horas. Recibimos noticias de que en nuestra cabaña se estaban riendo tan desaforadamente que las risas podían oírse a lo largo de todas las cabañas. Curiosas de saber si era verdad, Mary Anne y yo asomamos las cabezas en el terreno prohibido. Todo lo que pudimos ver fueron débiles lucecitas que parecían un inofensivo juego de competencia de linternas y que no venían de otra parte sino de la cabaña 4.

Dos horas después, volvimos a nuestra cabaña agotadas y con buen humor. La semana había sido extenuante. Cuando abrí la puerta, Rosa estaba gritando: "¡Lisa, ayúdame!". La rodeé inmediatamente con el brazo y traté de preguntarle qué le pasaba. Continuaba llorando y tratando de hablar entre lágrimas. "Me duele mucho el oído; nunca había tenido tanto dolor". Así son las cosas, había completado la semana sin problemas mayores. Mis aprensiones del comienzo se estaban cumpliendo. Tenía el gran temor de que estuviera pasando algo tan serio que no pudiera manejarlo, algo que no me hubieran enseñado en la orientación sobre el campamento.

Eran las 2 de la mañana y Rosa no paraba de llorar. Toda la semana ella y yo nos habíamos comunicado tan bien, y me había divertido mucho ayudándola con todas esas citas para la fiesta. Sin embargo, ese día ella había desplegado una vena maligna y se había vuelto odiosa, especialmente conmigo. Yo sabía que era su manera de seguir llamando mi atención. Siguió insistiendo hasta que perdí la paciencia, lo cual es raro que me pase, y salí violentamente de la cabaña. En realidad había herido mis sentimientos, y yo estaba muy molesta por haber permitido que Rosa me dominara.

Ahora Rosa se encontraba entre mis brazos llorando histéricamente para que la ayudara. Yo estaba muy asustada de que le pudiera pasar algo. Las otras chicas de la cabaña estaban tan cansadas que dieron la vuelta y siguieron durmiendo durante toda esta conmoción, mientras Mary Anne y yo vestíamos a Rosa y la llevábamos a la enfermería. Yo sólo la abracé con fuerza y le dije repetidamente que iba a mejorarse, tranquilizándome yo misma mientras le hablaba. Despertamos a la enfermera de turno y ella examinó a nuestra aterrada paciente. Resultó que sólo tenía un fuerte dolor de oído, y no puedo decir lo agradecidas que quedamos.

A menudo, cuando estoy agobiada por los problemas, pienso otra vez en esos niños especiales que poseen un conocimiento y una madurez más allá de sus años. He aprendido de ellos que, en comparación, mis problemas son insignificantes. Como maestra que acostumbra dar lecciones diariamente, más bien creo que en esos 9 días recibí lecciones valiosas sobre la importancia de la vida. Esos optimistas visitantes del campamento me enseñaron lo preciosa que es la vida, mostrándome que cada día es un regalo para vivirlo al máximo, porque nadie sabe lo que traerá el mañana. De esta increíble experiencia aprendí de primera mano la importancia de darse uno mismo a los otros y recibir, en compensación, mucho más de lo que da. Gracias por estas importantes lecciones de vida.

Lisa McKeehan

El humor ayuda

Siempre he fijado límites personales entre lo que es gracioso y lo que no lo es. Se me ha citado por estas palabras: "Hay ciertas cosas a las que simplemente no se les saca el chiste". Estaba equivocada. La risa surge de la tragedia, cuando más la necesitas y te recompensa por tu coraje.

Sin ella, hubiera sido imposible imaginar cómo pudieron llevar su carga esos niños y sus familias.

El vértigo del momento cuando Jessica, de 15 años, en Burlington, Vermont, con una amputación "por debajo de la rodilla", estaba jugando fútbol y salieron por el aire no sólo el balón sino también su prótesis dejando en el suelo, convulsa de la risa, "a la persona alta, llena de humor y encantadora que soy yo".

A veces era una situación que reclamaba perspectiva. A Ryan lo trataron con cirugía y radiaciones, para un neuroblastoma, cuando tenía 3 años. Once años después, salió sin problemas de salud, pero sólo tenía una pequeña anormalidad. No suda ni se sonroja sino en la mitad del cuerpo. Ryan puede usar menos desodorante que los demás, pero su sentido del humor quedó intacto como lo prueba su obra artística.

Betsy, de Boston, Massachusetts, dice que el optimismo y el humor fueron sus "enfermeros" durante la época en que sufrió de cáncer. La siguiente experiencia le sirvió de perspectiva. La chica de 17 años entró en una sala de tratamientos para recibir su terapia de radiación. Ya se encontraban allí varias personas, de modo que ella se quitó la bata y se preparó para comenzar. Cuando preguntó, se enteró de que la otra gente que estaba en la sala no eran estudiantes de medicina, como ella había creído, sino ¡pintores que estaban calculando el costo de repintar la sala!

Es de anotar que el incidente ocurrió en 1965, y Betsy agregaba: "Quisiera que hubiera habido organizaciones y oportunidades, hace 24 años, que me hubieran permitido compartir 'experiencias' en vez de 'memorias'".

Erma Bombeck

Nota del editor: Erma Bombeck murió el 22 de abril de 1996 a causa de complicaciones en el trasplante de un riñón. Su coraje y su fuerza son ejemplos del espíritu de este libro. Su deceso nos produjo gran pesadumbre.

El cáncer hizo que me conociera
a mí misma

Uno se adueña del oro del espíritu cuando éste se encuentra a sí mismo.

CLAUDE M. BRISTOL

Una espera de 3 días para tener los resultados, que ya presentía. Tres días tendida en el diván, mirando la televisión cambiar de programa hora tras hora. Suena el teléfono. El lunes me quitarán el seno. Llevo 13 semanas encinta. Tengo 33 años.

Lo hacen. Eso es realmente lo que quieren hacer. En el lado derecho tengo una incisión de 12 pulgadas; no tengo glándulas linfáticas, no tengo seno. Tengo 12 tumores en las glándulas.

Tengo tres opciones: aborto inmediato, una operación cesárea, un parto inducido a las 30 semanas más o menos, o una gestación completa. Mi cáncer es positivo en las hormonas, y tengo el cuerpo lleno de hormonas. Si conservo al bebé no puedo recibir ninguna de las terapias usuales. Incluso con un aborto y terapia, mis probabilidades son una en seis de vivir 5 años o más.

Elijo la espera de 30 semanas. No la escojo para salvar al bebé, sino para salir del hospital, para que no me hagan nada más por ahora. Del costado me retiran dos largos tubos y me voy a casa. Es el mes de enero en Minnesota, tan frío como nunca, a menos, por supuesto, que una esté embarazada y tenga cáncer.

Cuando se es una bomba de tiempo humana, hay mucho más de 5 meses entre enero y mayo. Cada día, el bebé crece y más hormonas, que son un peligro enorme para mí, me inundan el cuerpo. Hay pocas razones para tener la esperanza de que pueda completar el embarazo sin que el cáncer se extienda más. Estoy tan atontada, tan furiosa, tan sumamente triste que la cara se me congela en una máscara inexpresiva. Pierdo la capacidad de leer (que era una de mis grandes alegrías), porque se me ha destruido por completo la concentración. No espero ver a mi hijo cumplir los 8 años el 30 de junio de 1978. Le compro todos los regalos y se los envuelvo en febrero. Planeo mi entierro.

Pero, en realidad, yo era dos personas, cada una luchando duramente por imponerse. La una oía lo que los médicos decían y reaccionaba como lo acabo de describir. Pero la otra le gritaba obscenidades al hospital cada vez que pasaba cerca en auto. Esta segunda persona decidió pelear, aunque la primera la persiguiera todos los días, a veces a todas horas, para que se entregara y se rindiera.

En lo físico, la mastectomía no me dolía mucho. Tenía dormidos el pecho, la parte superior del brazo y la espalda, pero sané pronto y sin complicaciones. Sin embargo, el brazo me dolía desde el comienzo, a veces tanto que no podía estirarlo durante varios días. Por desgracia, era el brazo derecho, el que usaba para tocar mi guitarra. Pero no me importaba realmente, porque ya no estaba tan feliz como para cantar.

Apenas salí del hospital traté de ponerle atención a mi interior. Quería que mi cuerpo y mi mente me dijeran cómo ayudarlos a sobrevivir. Obtuve algunas respuestas y traté de seguirlas, incluso cuando estaba demasiado deprimida para moverme o poner cuidado. El cuerpo me decía, "toma jugo de naranja", un ansia curiosa que nunca había experimentado. Tomaba y tomaba, y sentía que estaba bien. Pensaba seriamente en lo que le daba a mi cuerpo. Le decía a la comida que me diera fuerza. Le decía a cada vitamina, cuando me pasaba por la garganta, que fuera a los lugares necesarios e hiciera lo que se necesitaba, porque eran las únicas píldoras para el cáncer que tenía.

El cuerpo me decía: "Muévete, Lois, y hazlo pronto". Treinta minutos después de llegar a casa del hospital, salí a dar un paseo a pie. Fue duro. Temía caerme de lado. Estaba jorobada como una anciana. Pero tenía las piernas fuertes. Compré un odómetro y caminaba kilómetros y kilómetros. Cuando llegó la primavera, caminaba y corría, caminaba y corría, hasta que el bebé ya me pesaba mucho.

Le dije a mi cuerpo, mediante el ejercicio, que lo amaba y que quería que fuera sano. La semana de mi regreso a casa empecé el yoga otra vez. Al principio apenas podía mover el brazo unas cinco pulgadas desde el costado en cualquier dirección, pero lo estiraba y lo estiraba. Saqué mis pesas de 3 libras e hice trabajar los músculos y los tendones del brazo, aunque protestaran dolorosamente. Pronto recobré la fuerza del brazo y hoy día tengo fuerza y movilidad completas. El programa de recuperación de la Sociedad Americana de Cáncer dice: "Camine con los dedos lentamente por la puerta". Yo digo: "Cuélguese de la puerta y haga flexiones, si puede".

Mi cuerpo y mi mente me dijeron: "Haz el amor", y tenían razón. Hacer el amor (y otras formas de ejercicio) me proporcionaba los únicos momentos donde era libre, los únicos donde era yo misma otra vez, los únicos donde no tenía cáncer.

Mi mente me decía: "Necesito paz. Necesito algún descanso de la tensión abrumadora de todos los días. ¡Dame un descanso!". No había meditado nunca, pero fui a la biblioteca y descubrí las formas de meditar que me servían. Practiqué. La meditación hacía que mi cuerpo tenso pasara de la agitación con que despertaba a un reposo dulce y profundo, refrescante y apacible. De manera literal, yo vivía para esos momentos.

La meditación también me dio la oportunidad de practicar la medicina sin licencia. Le dije a mi cuerpo que se pusiera bien. Le dije a mi sistema inmunológico que me protegiera. Todas las noches me miraba el cerebro, los huesos, el hígado y los pulmones. Los sentía y les decía que se liberaran del cáncer. Miraba cómo la sangre me corría con fuerza. Le decía a la herida que sanara rápidamente y a la zona que la rodeaba que se mantuviera limpia. Le decía a mi otro seno que se portara bien porque era el único que nos quedaba a mi marido y a mí. Todavía les digo todas las noches a mi mente y a mi cuerpo: "Rechazo el cáncer. Rechazo el cáncer".

Los doctores tocan alrededor, miran mis rayos X, y me dejan salir otra vez al mundo. Me va bien hasta la primavera, hasta mayo.

Ensayamos una inducción la última semana de mayo. Dura 10 horas, duele muchísimo, y no logra nada. Ellos, los que no están en la cama, quieren ensayar de nuevo, mañana. El bebé y yo queremos irnos a casa. Nos vamos, y yo me digo que ¡tres semanas más no me van a matar! Estoy contenta porque, con el tiempo completo, puedo dar a luz con ayuda de las parteras. Tal vez el nacimiento sea bello, aunque la preñez haya sido un infierno.

Mi compañera de cuarto de la universidad tuvo un bebé el 13 de junio, y pienso que tal vez yo también tendré uno. Con el líquido amniótico empezando a salirse, entro en el hospital a un cuarto muy bonito con plantas y una gran cama doble. Mi comadrona es buena en todos los conceptos. Las contracciones son frecuentes y se vuelven más fuertes, y empiezo a perder el miedo que les da a todas las mujeres. Estoy manejando bien esto. Voy a disfrutarlo.

La comadrona rompe la bolsa, y la cama y yo quedamos empapadas. Me dice que tengo 6 centímetros de dilatación, pero veo que le cambia la cara. Estoy expulsando el cordón antes que el bebé. Me doy cuenta inmediatamente de que puede morir —pronto. Ella mantiene la cabeza del bebé fuera del cordón, lo empuja hacia arriba mientras yo lo empujo hacia abajo, y ahora sé lo que quiere decir la palabra agonía. Mientras corremos hacia la sala de cirugía, les oigo decir que el ritmo del pulso del bebé es de 60.

Tal vez hacer una incisión fue buena idea. Pasan otra hora mirándome por dentro. No encuentran nada extraño, y cuando mi marido me lo dice, tengo un momento de gran alivio.

El bebé es un niño de 8 libras y $\frac{1}{2}$ onza, de 21 pulgadas, a quien llamamos Nathan Scott. Es muy lindo, de pelo castaño, largas pestañas oscuras —y un gran defecto septal ventricular, conocido entre los felices no iniciados como un murmullo del corazón o un hueco en el corazón. Es congénito. Es serio. Es probable que necesite operarse y puede ser una amenaza para la vida. Y, lo peor de todo para mí, significa visitas constantes a un hospital que odio. Visitas que me dejan exhausta y deprimida durante días. Significa dejar que corten a mi bebé como me cortaron a mí, por su propio bien.

Durante los primeros 6 meses de vida, Nathan está en peligro de una falla cardíaca congestiva. Toma medicinas dos veces al día. Suda cuando come. Su pechito huesudo sube y baja demasiado ligero, y tiene crecidos el hígado y el corazón. Está en el hospital durante un tiempo. Yo me quedo con él, y esto casi hace que me rinda. Su oportunidad original de 50% de posibilidades de mejorar baja a un 25%.

Pero luego, en algún momento de su séptimo mes, mejora (me gusta pensar que fue durante uno de los momentos cuando yo le susurraba al oído, "¡Nathan, te vas a mejorar!").

Los médicos están sorprendidos. Los exámenes mejoran. Gana peso. Respira más despacio y la hinchazón que le produce el líquido en el hígado desaparece.

En mayo de 1979, Nathan tiene el primer examen normal, un acontecimiento mejor que un primer cumpleaños. El músculo del corazón se ha cerrado alrededor del hoyo. Nathan se pone de pie solo y se queda parado, y yo comienzo a creer en su existencia.

Cuando me bajó la barriga, tuve una gran sorpresa. En realidad no tenía un seno en el lado derecho. Era el momento cuando a la mayoría de las nuevas madres les encanta ponerse su ropa de antes o comprar ropa nueva, o soñar con vestidos de baño de dos piezas. Mi ropa estilo carpa me había protegido por 6 meses. Ahora tenía que enfrentarme con mis verdaderos sentimientos sobre mi cuerpo, otra lucha que sumarle a todo el resto.

Describir como depresión lo que sufría, es suave. Pero seguí obligándome a aprovechar los elementos positivos de mi vida. Durante 7 meses conservé la gor-dura, pero cuando Nathan empezó a mejorar, experimenté una nueva onda de determinación.

Perdí 20 libras. Seguí meditando y tomándome todas

mis vitaminas. Tres meses después del nacimiento me reuní otra vez con el grupo de ejercicio. Ahora no tenía que caminar; podía correr. Y correr tan bien que pienso entrar en algunas carreras. Mi programa de ejercicios consiste en yoga, correr y montar en bicicleta. Los hago todos los días. Tengo que hacerlo. Creo que esos ejercicios me ayudan a sobrevivir.

Tengo otra vez mi figura, bueno, con la ropa puesta. Hasta estoy empezando a pensar que no me veo tan grotesca sin ella. La cicatriz de mi incisión no ayuda mucho a mi propia imagen, pero mi marido es ciego cuando me mira las cicatrices, y yo estoy aprendiendo a ver por sus ojos.

Empecé a tratar de aprender cómo ponerme *yo* de primera. Lo que hice funcionó, y cada día de buena salud continua me da mayor confianza.

Pienso en el cáncer todos los días, pero también pienso en cuán fuerte tengo el cuerpo, y en lo bien que me siento la mayor parte del tiempo. Sigo hablándole a mi interior. Tengo un sentimiento de integración del cuerpo, la mente y, probablemente, el espíritu, que nunca antes había experimentado. El cáncer me hizo conocerme a mí misma, y la persona que conocí me gustó.

Lois Becker

Mis resoluciones

(Para hoy, de todos modos)

19 de agosto de 1991

Esto es lo que he decidido:

Estoy cansada de que la gente me diga (y de decir) lo afortunada que soy.

No me siento afortunada.

Sé que sobreviviré a esto. Soy una persona fuerte y sé que mi vaso está medio lleno, pero por favor no me digan que está lleno —me he tomado un poco y algo se me ha derramado.

No seré derrotada y voy a pelear, pero me permito decir que estoy cansada. Hasta los vencedores se cansan.

Tengo mucho que hacer y planeo hacer tanto como pueda, pero primero, si necesito llorar, voy a hacerlo y está bien.

Dios me ha llevado por un largo camino y yo sé que me dará la fuerza para librarme de esto.

No le permitiré a la gente decirme que no necesito más que "conseguirme una peluca" y cómo me volverá a crecer el pelo. Éste es un asunto duro para mí, y voy a manejarlo a mi manera. Algunos asuntos son más grandes que otros, y éste me parece realmente grande.

Voy a pelear —y a ganar.

Voy a procurar ser más fuerte, ¡pero no me va a gustar!

La vida es para vivirla y las quejas deben mantenerse en el mínimo. Todos tenemos algo y yo por lo menos tengo gente que se preocupa por mí.

Veo esta cosa como un golpe en el estómago —te quita el resuello, te deja adolorida pero tú terminas por salir de ella.

Voy a querer más la vida. Tengo la bendición de tres chicos maravillosos y una familia y unos amigos que me quieren, se preocupan y están más que dispuestos a ayudar. Aprenderé a aceptar la ayuda con gracia. Aprenderé que parte del acto cariñoso de tomarse las manos requiere que la mano de una persona se acune amablemente dentro de la mano de la otra. Aprenderé a dejar voluntariamente mi mano entre las que se extienden hacia mí, y no olvidaré extender mi mano hacia otros.

Rezaré diariamente, para tener fuerzas. No me amargaré ni me haré la mártir.

Seré fuerte.

Me reiré.

Lloraré.

Venceré.

Paula (Bachleda) Koskey

Mis realizaciones
(En este momento)

19 de mayo de 1992

Cuando comenzó todo esto, se me ocurrió que al superarlo sería una persona mucho más sabia y más fuerte. No siento que eso me haya pasado. Estoy simplemente agradecida por haber sobrevivido. Sin embargo, no puedo dejar pasar un acontecimiento tan crítico sin pensar un poco en él. Éstas son algunas de las cosas que me vienen a la mente:

Vivir a lo largo de un día puede parecer mucho más largo que recordar nueve meses. Una hora de quimioterapia es la medida de tiempo más larga que existe.

Me río de la ingenuidad de mis resoluciones de agosto —y las respeto. La intensidad de ciertos sentimientos/experiencias no puede preverse, y se puede lograr mucho simplemente con tenerse fuerte.

El cáncer no es como un golpe en el estómago. Es una inmensa batalla que afecta todas las partes del ser de una persona. Yo ignoraba totalmente lo abrumador que puede ser.

Traté de compensar la pérdida de control sobre mi vida con ganancia de conocimiento —me ayudó.

A veces la ignorancia es una bendición.

Sí es posible ser demasiado delgada. (Luego querría ensayar con demasiado rica.)

¡Me encanta mi cabello! Es verdaderamente maravilloso pasarme la mano por la cabeza y que el pelo no se caiga.

Es mucho mejor dar que recibir, ¡y mucho más fácil!

Con todo lo que me enfurecía entonces, le estoy agradecida a mi oncólogo por su terca determinación de derrotar esta enfermedad.

Yo sí tengo fuerza de voluntad. (¿Por qué soy la única sorprendida por esta realización? ¿Y qué quieren decir con eso de terca?)

¡La risa, los abrazos y el chocolate son la sustancia de la vida!

Así como las drogas me curaron el cuerpo, la gente que estaba dispuesta a escucharme me curó el alma.

Sigo contenta de nunca haber perdido mi tiempo preguntándome por qué yo o diciendo pobre de mí —las cosas pasan y así es.

Estoy terriblemente enamorada de un montón de gente.

¡Mis chicos son simplemente increíbles! Esta batalla fue en realidad dura para ellos, pero se me ocurre que con todo y las cicatrices, saldrán de esto mejores que antes.

No soy estoica, fuerte o santa.

¡Soy feliz, abrazable y peluda!

Está bien quejarse de las cosas, mientras se recuerde también algo de lo bueno.

A veces ganar no es lo que parece. A veces, lo más precioso de todo es el conocimiento que se gana en la batalla. Y a veces, la victoria no es más que un amor muy profundo por los que compartieron la lucha.

Peleé.

Me reí.

Lloré.

Vencí.

Paula (Bachleda) Koskey

Papá, el cáncer y la boda

Una curiosa serie de acontecimientos salvó la vida de mi padre.

Unas 6 semanas antes de mi boda, mi mamá y yo discutíamos acaloradamente sobre el color de mi vestido de novia. Mamá quería que fuera blanco; yo quería ponerme algo de otro color.

Discutíamos en el lugar donde lo habíamos hecho muchas veces, a medida que yo crecía —en la cocina. Mamá se sentaba a la mesa y yo en el suelo, con las piernas cruzadas, y recostada en la refrigeradora.

Mientras avanzábamos en la materia, papá entró en la cocina. Acababa de darse una ducha y estaba en bata de baño. Desde donde yo estaba sentada noté que tenía una mancha negra, más o menos del tamaño de una moneda de 10 centavos, en la parte de atrás de la pantorrilla izquierda, un poco más abajo de la corva.

Le pregunté cuánto hacía que tenía esa mancha oscura y brotada. Me dijo que ya la había notado, pero que no sabía desde cuándo la tenía. Mamá dijo que él la llamaba su lunar.

Le dije a papá que necesitaba un examen de esa mancha. Le hablé de Mel, el hombre que narraba conmigo las noticias de la tarde en la televisión de Michigan. Su esposa le había notado una mancha negra en la parte de atrás del hombro, que resultó ser un melanoma. Cáncer de la piel. El cáncer de Mel se encontró a tiempo. Pero, si no hubiera sido así, se le hubiera extendido rápidamente porque la mancha estaba situada muy cerca de los ganglios.

Papá prometió que se haría examinar. Mamá y yo seguimos discutiendo sobre vestidos de novia.

Después de la visita a papá y mamá, regresé a Boston en donde yo era reportera de una cadena de TV. Un día, después del trabajo, papá me llamó para contarme que se había hecho examinar la mancha por un especialista, y que era seguro que estaba bien. De hecho, papá planeaba hacer, como lo había programado, su viaje de negocios a Boston dentro de 2 semanas.

La siguiente llamada de mis padres traía la noticia de que papá no vendría a Boston. El lunar pérfido era un melanoma. Los médicos nos explicaron que hay cinco etapas de melanoma. El cáncer de papá había progresado hasta el nivel III. Necesitaba cirugía para tratar de combatir su enfermedad.

Volé a casa para la operación de papá. Los médicos hicieron todo lo posible por llegar adentro y sacar el cáncer. Mientras esperábamos los resultados para saber si eran capaces de sacarlo todo, los minutos parecían horas, las horas días, y los días semanas.

Sabíamos que un melanoma en la etapa III podía extenderse como un incendio. No era una buena señal. Contábamos los días que pasábamos esperando los resultados. Pasaron 5 días. Llegaron los resultados. ¡Le habían tratado el cáncer a tiempo!

A papá le costó mucho trabajo caminar después de la operación, que se había hecho 3 semanas antes de mi boda. A todas horas decía que su meta principal era ser capaz de acompañar a su muchachita a lo largo de la nave de la iglesia. La pierna de papá no alcanzaba a aguantar su peso. En la boda, mamá y yo nos encontramos con papá en la mitad de la nave, en donde nos esperaba en una silla de ruedas. Ambas lo sostuvimos mientras caminaba vacilante entre las dos. Cuando nos aproximábamos al altar, un amigo se acercó a papá con su silla de ruedas. Papá logró su meta —me acompañó por la nave.

Desde 1981, el cuerpo de mi padre se ha mantenido libre de cáncer. Se hace examinar anualmente, sigue siendo vital y estando bien.

Siempre he estado firmemente convencida de que mamá y yo estábamos destinadas a tener esa discusión de que hablé al comienzo. Fue lo que me permitió estar en la posición para notar el melanoma de papá, lo que a su vez permitió que el cáncer se detuviera. Todo esto pasó porque yo quería casarme con un vestido de novia de color, el cual, de paso sea dicho, salió blanco en todas las fotografías.

Linda Blackman

Vive tu vida

Estaba severamente deprimida. Le había ayudado a una amiga en una situación traumática y peligrosa, y aparentemente toda mi ayuda bien intencionada sólo había empeorado las cosas. Sintiéndome perdida, me senté en la cama de mi hija. Mis ojos cayeron sobre un pedazo de papel amarillo y arrugado que traía la siguiente sabiduría:

El pasado se ha ido, pero ahora es para siempre. El futuro no está en nuestras manos, pero el futuro está en las manos del presente. Ve y sujeta los segundos del día como si no tuvieras sino ese día por vivir. Experimenta y goza los momentos de tu vida. No tenemos sino una vida que vivir, entonces vívela como un campeón; a todos nos pusieron aquí con un propósito, haz que el tuyo se imponga y muéstrales a todos de qué madera estás hecho.

No te estoy diciendo cómo debes vivir, sino cómo debes sentirte cuando vuelvas la mirada a los recuerdos de la vida que una vez fue la tuya. No lamentes las cosas después. Si crees que es lo justo, hazlo. Es tu vida y la de nadie más. Toma decisiones que te complazcan. No le permitas a nadie rebajarte. No vivas a la sombra ni en los sueños de nadie. Si tienes un sueño, actúa de acuerdo con él y probablemente se realizará.

Quedé asombrada de lo que leí; las palabras me hablaron directo al corazón y me iluminaron la mente. Corrí a preguntarle a mi hija dónde había encontrado esos párrafos, pensando que debía de haberlos copiado de alguna revista. Con timidez, mi hija reconoció haberlos escrito ella misma. "¡Pero tú no tienes sino 12 años!", exclamé. "¿Cómo puedes haber escrito esto? ¿Dónde lo aprendiste?"

"¿No lo sabes, mamá?", me contestó. "Tú me has enseñado todo esto, yo sólo lo puse por escrito".

Judy y Katie Griffler

Encontrar mi pasión

En la peor suerte está la mejor oportunidad de un cambio feliz.

EURÍPIDES

Sé mucho sobre la pasión porque en el proceso de vivir la perdí, pero en el proceso de morir la volví a encontrar.

Mi vida giraba sobre tres cosas: complacer, probar y lograr. Pensaba que si le gustaba a suficientes personas, me sentiría mejor conmigo misma. Quería desesperadamente complacer a todo el mundo… la familia, los patrones, los vecinos, la gente que no me gustaba. Poco importaba quiénes fueran; la aprobación de los demás y la validación eran las fuentes de mi autoestima. "Parecer bien" era mi régimen diario y resultaba increíblemente buena para ello. De continuo luchaba por más y más grandes logros, porque éstos demostraban mi valor al mundo externo.

Este modo de pensar afectó toda mi vida. Mi trabajo

era una serie de largas horas para demostrar mi dedicación, asegurándome de que nunca ofendía a nadie. Hacía promesas difíciles de cumplir porque me daba miedo decir no, lo cual aumentaba de manera indecible el estrés. Por reaccionar constantemente a las circunstancias externas en lugar de hacerme cargo de mi vida, me sentía victimizada y vivía con el temor de que "ellos" —quienes fueran— iban a descubrir de pronto que yo era incompetente. El hecho de que fuera la mujer más joven de mi empresa en un cargo ejecutivo, y de que hubiera llegado a directora de comunicaciones corporativas a una edad cercana a los 25 años, no calmaba mi preocupación. Nada suavizaba mis dudas sobre mí misma.

La única solución que conocía era esforzarme más, trabajar más tiempo, lograr más. Lo que sabía era que sería feliz si hacía lo correcto. Dejé el mundo de la empresa sabiendo que ser independiente cambiaría todo. De manera irónica, me convertí en consultora de ejecutivos y les enseñaba a éstos cómo parecer bien y estar enterados de lo que los otros esperaban de ellos. Yo lo sabía todo sobre eso.

Por supuesto, seguía siendo una persona complaciente y cobraba honorarios más bajos porque temía que nadie usara mis servicios. En lugar de seguir las órdenes de un jefe, me dejaba llevar por lo que me pedían los clientes. No podía entender por qué tenía problemas económicos y suponía que la respuesta simplemente era hacer más dinero. De ese modo el ciclo avanzaba a medida que yo decidía aumentar aún más mis esfuerzos de mercadeo y promoción. Cuando me agoté y no logré aumento en mis ingresos, decidí que en mí había algo intrínsecamente erróneo y me embarqué en una campaña para corregirlo. Tomé clases, perdí peso y me uní a grupos de desarrollo personal. Todavía seguía vacía.

Así transcurría… mi vida de complacer, probar y lograr. ¿Cómo me dejó? Cansada. Sin dinero. Agotada emocionalmente. Y terriblemente atemorizada.

Entonces, en 1986, vino el despertar. Descubrí que tenía cáncer de la vejiga y el pronóstico parecía sombrío porque mis síntomas venían de 3 años atrás. Mi médico tenía los modales de un herrero y no me alentaba amablemente. En la primera operación me sacó el tumor más grande que jamás había sacado de una vejiga, y me anunció que, en 10 ó 12 semanas, me haría otra operación "para ver qué había quedado". Era un tipo divertido.

El cáncer me cambió la vida para siempre. Tomé la decisión de vivir, y eso tenía varias implicaciones. De inmediato me quedó claro qué era lo importante y empecé a concentrarme en ponerme bien. Cambie mi dieta, descubrí las hierbas, exploré la curación holística y aprendí lo que significaba hacerme cargo de mí misma.

Lo más importante, empecé a preguntarme: "¿Quién soy yo y qué estoy haciendo aquí?". Antes mi preocupación era: ¿Qué quieren todos los demás y cómo puedo gustarles? Pasé de preocuparme por las demandas cambiantes del mundo externo a concentrarme en lo que había en mi corazón. No fue un proceso fácil, puesto que me había pasado la vida entera buscando afuera las respuestas. Estaba tan acostumbrada a descubrir lo que los otros querían de mí, que no tenía idea de quién era yo.

Me di cuenta de que mi vida carecía totalmente de pasión... de ese gusto de vivir, de ese sentimiento de gozo, creatividad y espontaneidad que es verdaderamente la vida. Al enfrentarme de pronto con la muerte, supe que nunca había vivido realmente. De hecho, no había habido "vida" en mi vida. Como resultado de esa conciencia, la pasión se convirtió en mi razón para vivir. ¡Me comprometí total y completamente con ella!

No, no tenía idea de lo que significaba. Sólo sabía que mi propósito diario era levantarme y hacer algo apasionado todos los días. Caminaba por la playa; descubrí que me encantaban los paseos cerca de las olas; tomé, sólo por diversión, clases que no me iban a volver una persona "mejor", y leí libros que había querido leer hacía años. Hice una lista de cosas que quería hacer antes de morir (cuando fuera) y mientras la hacía, la lista aumentaba. El entusiasmo, la emoción y el cumplimiento eran fines en sí mismos. Quería vivir y experimentar plenamente cada momento que me quedara. No podía esperar más tiempo.

Me sentí más positiva y más esperanzada. Necesitaba menos energía para producir mejores resultados. Me permití no saber con certeza cómo iba a desenvolverse mi futuro; continué solamente explorando y expresando mi pasión de cada día. Ahora sí que la sola fuerza de ese compromiso produjo milagros.

En el momento, mi empresa estaba cerrada, no tenía dinero que me entrara y nadie estaba interesado en emplear a una paciente con una enfermedad terminal. Pero algunos de mis antiguos clientes llamaron para preguntarme si haría entrenamientos de ejecutivos en mi casa. Dios sabe que no tenía nada más, de modo que dije que sí, pero mi consultoría tomó un nuevo giro. Hablaba del cáncer y de mi compromiso de vivir una vida apasionada; pensé que también podían necesitar eso. Muchos definitivamente querían oír más, y empecé a dirigir grupos. Al final del primer año de trabajar en la sala de mi casa, descubrí que había visto más gente y había hecho más dinero que en cualquier otro año de mi carrera. Después de todos esos años de trabajar y de esforzarme tanto, era tan sencillo. ¡Qué revelación! Supe que había dado con algo que podía servir a cualquiera que lo adoptara.

El otro gran milagro es que he estado libre del cáncer desde 1987. Mi médico está asombrado de mi recuperación. Cuando me realizan mis chequeos anuales, siempre hace un comentario sobre lo bien que me he sanado. Al parecer, ni siquiera quedan indicios de la operación. ¿Es éste el resultado de un compromiso con la pasión? Aunque no pueda probarlo, no lo dudo. Creo que la pasión es la mayor fuerza del universo y un imán para todo lo bueno que uno tiene —la felicidad, el poder, la alegría, la abundancia y la salud. Ustedes saben cuán alegre puede ser el estar con mi grupo de gente apasionada. Produce una energía eufórica. Como al correr, se crean endorfinas en el cerebro, y éstas impulsan y protegen el sistema inmunológico. El cáncer es una enfermedad del sistema inmunológico, de modo que ¿por qué no va a poder curarlo la pasión?

En mi caso, el proceso de morir le dio gran importancia a la vida. Hoy día le doy tanta vida como pueda al vivir. Se ha convertido también en mi modo de vivir. Fundé una organización que ha ayudado a mucho más de mil personas a tener relaciones sanas con el trabajo, porque descubren sus pasiones y sus propósitos en la vida. La pasión no es para los afortunados o los talentosos; es el fuego que espera ser encendido en todas las almas.

Mediante el cáncer, recibí un regalo de la vida. Ahora me dedico a darlo a otros hablando y enseñando, y lo hago con gratitud y alegría.

Mary Lyn Miller

¿Para qué sirve?

Como sobreviviente del cáncer de seno, soy la primera en decir que esta enfermedad no es nada divertida. Pero como comediante, trato de encontrar humor en mi vida cotidiana. Después de mi diagnóstico en 1991, empecé a escribir material de comedia sobre mis experiencias con el cáncer, para ayudar a mi propio proceso curativo. Seis meses después —entre mi tercera y mi cuarta operación— empecé a representar mi "comedia del cáncer" ante otros sobrevivientes, para ayudarlos a poner cierta ligereza de humor a un tema tan duro. He ampliado mi representación para incluir los beneficios físicos y psicológicos que obtenemos de la risa, las maneras de encontrarle humor a nuestra vida cotidiana, a muchas historias divertidas y verdaderas.

Una de mis historias favoritas es la de Peggy Johnson, una amiga mía y directora en 1995-96 de la Fundación Susan G. Komen para el cáncer del seno. Les doy las gracias a ella y a su hijo, Jake, por permitirme compartir su experiencia.

En la ducha tengo una tarjeta con dibujos que

muestran cómo hacer un examen del seno. Por lo general dejo la tarjeta con los dibujos mirando hacia la pared. Sin embargo, un día, la aseadora la dejó a la vista. Mi hijo de 7 años, Jake, la vio y me preguntó para qué servía. Sin entrar en muchos detalles, le dije que la tenía allí para acordarme de hacer algo todos los meses y mostrarme cómo se hacía. Jake me contestó: "Mamá, no puedo creer que tú no sepas cómo lavarte las teticas".

Comparto esta historia para ilustrar tres puntos. Primero, es una historia estupenda, verdadera y graciosa, que nos hace reír. Mi lema es: "Mantente riéndote para estar sana", porque la risa es buena. Creo en verdad que las historias más divertidas se encuentran en nuestra vida diaria. Segundo, es un excelente ejemplo de percepción que muestra cómo dos personas pueden mirar la misma cosa y ver algo distinto. Todos podemos elegir cómo mirar las cosas que pasan en nuestra vida, hasta un diagnóstico de cáncer. A veces, sólo necesitamos un poco más de información o instrumentos, como el humor, para mirar las cosas de un modo diferente y cambiar nuestra percepción. Tercero, espero que cuando las mujeres se estén dando su ducha, recuerden esta historia y se hagan sus exámenes de los senos, puesto que el hallazgo temprano es muy importante.

Jane Hill

Lo mejor que me haya pasado nunca

La felicidad no tiene que ver con lo que nos pasa: tiene que ver con la forma como percibimos lo que nos pasa. Es el don de encontrarle lo positivo a todo lo negativo, y de ver un inconveniente como un reto. Si podemos dejar de desear lo que no tenemos, y empezar a gozar de lo que sí tenemos, nuestra vida puede ser más rica, más realizada, y más feliz. El momento de ser felices es ahora.

LYNN PETERS

Entra en cualquier lugar donde ella esté presente y la distinguirás en seguida. Atractiva, bien vestida, amistosa, con una sonrisa encantadora, y una calidez que irradia de su alma hacia la tuya. Es la imagen viva de alguien "que lo tiene todo", cuando se ríe o se sonríe con tal confianza y seguridad en sí misma que todos, en cierta medida, la envidian. Tú realmente tienes que preguntarte de dónde viene toda esa actitud de "puedo hacerlo". Si le preguntas, te responde: "Viene de la creencia en mí misma —es que, verás, yo he sobrevivido".

Nadie pensaría que esa mujer radiante hubiera experimentado ningún problema grave en la vida. Cada incidente de su pasado ha sido cuidadosamente registrado y archivado en el compartimento apropiado del tramo de tiempo que llamamos vida. Esta mujer es notable, sobre todo por su manera de dar siempre a los demás. La mayoría de las veces ni siquiera se pregunta cómo; la respuesta es un "sí" inmediato. Su alegría va más allá de lo que normalmente tolera la naturaleza humana. Pasar con ella apenas una hora puede ayudarnos tanto como un mes de vacaciones.

******

Mientras leía y analizaba las anteriores palabras, que escribieron para describirme en un artículo, sentí que una ligera sonrisa me pasaba por los labios. Mi vida no siempre puede leerse y desear al instante cambiar de lugar conmigo. Recuerden mi cita anterior: "He sobrevivido". La fecha fue febrero 3 de 1970, y a la edad de 23 años, con tres hijos menores de 3 años, me llevaron a cirugía. Me encontraron un tumor grande en la pared izquierda del pecho, que me atravesaba las costillas directamente sobre el corazón y trataba de adherirse allí. Éste debía sacarse inmediatamente. Y así se hizo. El resultado fue una incisión que se extendía desde el frente del pecho hasta la espalda, con el fin de extraerme tres trozos de costilla sobre el corazón. Me cortaron los músculos del brazo izquierdo, lo cual me impedía usarlo, me desinflaron el pulmón y me insertaron tubos. Por supuesto, este tipo de cirugía de grandes proporciones me alteró notablemente el seno izquierdo. El diagnóstico era fibrosarcoma de la pared del pecho. Esto me dejó con un dolor intolerable en el pecho durante el resto de mi vida, que se complicaría con heridas y crecimiento del tejido de las cicatrices. Después de 11 horas de cirugía, me dijeron que como máximo tenía 2 meses de vida, y que me iban a mantener lo más cómoda que fuera posible. "¡Usted tiene cáncer! No solamente cáncer, sino una de las formas más mortales de cáncer de los huesos, sin posibilidad de salvación". Recordemos, esto era en 1970. Hoy día, se han hecho progresos, pero el resultado todavía depende de cada caso individual. Ahí la tiene. La temida sentencia de muerte que todo el mundo asocia con la enfermedad del cáncer. Hoy, las cosas han cambiado y en vez de una sentencia automática de muerte, tenemos la pregunta: "¿Cuál es mi probabilidad de sobrevivir?"

Espero que contar mi historia le dé a ésta un propósito mucho más allá de mi propia existencia. Puede ser que mi sufrimiento y todas las técnicas de supervivencia que aprendí como resultado de él, ayuden a disminuir las cargas emocionales de otros. Mi propósito es ayudar a todo el que haya sido alcanzado por esta temible enfermedad. No se necesita tener personalmente la enfermedad para ser víctima de ella. Puede afectar a cualquiera que esté en nuestro mundo. He intentado tomar la pérdida y la destrucción que me ha causado el cáncer y voltearlas. Todo aquello por lo que tuve que pasar me fortaleció más allá de mi edad, y me enseñó a tolerar los muchos actos que despiertan rabia en esta vida. Mi punto de vista es que todo puede ser maravilloso; esa sonrisa, ese toque, incluso el dolor y la desilusión pueden subirme el ánimo porque mi alternativa era desaparecer del todo. Hagamos que el cáncer nos dé más de lo que nos quita.

Cuando recibí la noticia de que tenía cáncer, pensé simplemente que mi mundo había llegado a su fin.

¡Dios mío!, ¿qué se supone que haga? Me esperan tres bebés en casa y toda una vida por delante. No tengo tiempo para esto, ni quiero estar tan aterrada. Por favor, no me digas que me voy a morir. Por favor, no me digas que voy a sufrir más de lo que puedo imaginarme. Por favor, no te lleves mi mundo para reemplazarlo por un infierno viviente hasta cuando deje de existir en esta tierra. Siempre uno se hace la pregunta: "¿Por qué me ha pasado esto a mí? ¿Qué hice yo para merecer esto?". No hay respuestas para esas preguntas. Esta terrible enfermedad no es un castigo: simplemente se nos aparece.

A causa del cáncer aprendí a gozar, a respetar, a alcanzar, a consolar, a conocer una gran realización, y a adquirir una visión extremadamente íntima de lo que en realidad tiene importancia en esta vida. Demasiada gente comete el error de juzgar la vida por su longitud y no por su profundidad, o por sus problemas en vez de por sus promesas. No podemos decidir qué cartas nos van a repartir en la vida, pero sí tenemos mucho control en la manera como podemos jugarlas. Todos somos responsables por descubrir el significado de nuestra propia vida en cada momento que vivimos. Recordemos que cada momento sólo ocurre una vez y no se puede recobrar jamás. Todo lo que somos o por lo que se nos recuerda, gira alrededor de nuestras elecciones y nuestras acciones. Muchas veces he dicho: "He recibido una verdadera bendición a lo largo de mi vida *porque* tuve la temida enfermedad del cáncer".

Roberta Andresen

Cincuenta cosas que he aprendido
por el camino

- He aprendido que lo más difícil y lo más fácil que he hecho en la vida es cuidar pacientes.
- He aprendido a tomar mi trabajo en serio, pero a tomarme a mí misma a la ligera.
- He aprendido que todos los días en los cuales he sostenido una mano, aunque haya olvidado registrar los signos vitales, he podido, sin embargo, ganar terreno.
- He aprendido que la enfermería es extraordinaria porque hacemos las cosas ordinarias de un modo magnífico.
- He aprendido que si no me siento emocionalmente comprometida con mis pacientes, me ha llegado la hora de cambiar de profesión.
- He aprendido que, cuando se tienen 92 años, nadie tiene por qué rogar que le pasen el salero aunque tenga una falla congestiva del corazón.
- He aprendido que el cáncer no le da a un paciente, sino a toda la familia.
- He aprendido que un buen médico es quien dice:

"No tengo idea de qué le pasa a este paciente, venga y ayúdeme a pensar qué puede ser".

- He aprendido a ayudar a la gente a ver que "el cáncer puede ser un regalo".
- He aprendido que si mi hija me dice que tiene un bazar mañana a las 8 a.m., hay que estar agradecida de que sea un bazar y no una reunión de jovencitas embarazadas.
- He aprendido que, sea lo que fuere que se necesita con urgencia, siempre está en el cuarto de otra persona.
- He aprendido que cuando se acaban los medicamentos del botiquín, por lo general es a mí a quien se le olvidó firmar algún retiro.
- He aprendido que curar el espíritu es tan importante como curar el cuerpo.
- He aprendido que, si no me cuido a mí misma, no puedo cuidar a nadie más.
- He aprendido que la comida de hospital debe ser un castigo por nuestros pecados en una vida anterior.
- He aprendido que un cuerpo cree cada palabra que le dices.
- He aprendido que la enfermera que yo querría que se hiciera cargo de la persona que más quiero debería ser yo, o tú.
- He aprendido que el tiempo vuela, tanto si me divierto como si no.
- He aprendido que la realidad es lo que es, no lo que yo querría que fuera.

- He aprendido que si no puedo curar, siempre puedo cuidar.
- He aprendido que el cuidado centrado en el paciente no significa amabilidades, significa fortalecimiento.
- He aprendido que una de las cosas más gentiles que puedo hacer es asistir a los funerales de mis pacientes.
- He aprendido que si llego antes de que todo haya terminado, todavía estoy a tiempo.
- He aprendido la diferencia entre un pequeño suceso y un episodio principal.
- He aprendido que, en general, es mejor presentar excusas que pedir permiso, especialmente si estoy llevando un perro San Bernardo a ver a un niño en la unidad de cuidados intensivos.
- He aprendido que las buenas enfermeras no se miden tanto por su puntualidad como por su compasión.
- He aprendido que el espíritu de la ley puede ser más importante que el texto de la ley.
- He aprendido que cada día puede representar una diferencia en la vida de alguien, y que yo prefiero que sea una diferencia positiva.
- He aprendido que si no celebro la delicia de cada día, he perdido algo que nunca recobraré.
- He aprendido que lo que más ayuda al diagnóstico de los pacientes no es caminar detrás o delante de ellos, sino más bien caminar con ellos y oírlos con mucha atención.

- He aprendido que mientras menos amablemente actúa un paciente, más necesita que lo quieran.
- He aprendido que saber cuándo parar el tratamiento de un paciente mortalmente enfermo es más importante que saber cuándo continuarlo.
- He aprendido que hay que creer en algunas cosas para verlas.
- He aprendido que la adicción a las medicinas que quitan el dolor es el menor de nuestros problemas cuando un paciente sufre de dolor.
- He aprendido que los profesionales dan consejo, mientras que los que curan comparten la sabiduría.
- He aprendido que la meditación, el trabajo de grupo, la técnica nutricional y el masaje son tan importantes en el cuidado de un paciente de cáncer como la irradiación, la cirugía y la quimioterapia.
- He aprendido que usar ropa interior de pepas rojas bajo el uniforme puede no ser del mejor gusto.
- He aprendido que el sufrimiento no conoce reglas.
- He aprendido que en la enfermería no caben los matones ni los llorones.
- He aprendido que no se necesita cumplir con todos los objetivos para aprender bastante.
- He aprendido que una enfermera sin sentido del humor debe buscarse un empleo de pastora de ovejas.
- He aprendido que tener que trabajar dos fines de semana seguidos es un suceso menor cuando la biopsia de mi seno sale negativa.

- He aprendido que puedo trabajar con casi cualquier fluido del cuerpo, menos con los mocos.
- He aprendido que las estudiantes para enfermeras todos los días hacen algo que yo no creía posible.
- He aprendido que nadie nos promete un mañana.
- He aprendido que los estudiantes de medicina se ponen ansiosos cuando los asigno al cuidado de enfermería o trato de ver si sus chakras están abiertos.
- He aprendido que si un paciente confundido me acusa de ensuciar en su cama, debo presentar excusas y prometer no volver a hacerlo.
- He aprendido que, en su lecho de muerte, nadie dice que lamenta no haber pasado más tiempo en la oficina.
- He aprendido que si una niña es lo bastante mayor para amar, es lo bastante mayor para sufrir.
- He aprendido que muchos pacientes se curan a pesar de nosotros, pero se curan más aún a causa de nosotros.

Sally P. Karioth, Ph.D.
Enfermera

¡Celebra la vida!

Lo que está detrás de nosotros y lo que está delante de nosotros son cosas sin importancia comparadas con lo que está dentro de nosotros.

RALPH WALDO EMERSON

Queridos pacientes, empleados y visitantes del Mercy Hospital:

A comienzos de junio fui la oradora en nuestra gira anual del Día del Sobreviviente de Cáncer. El tema de este año fue CELEBRA LA VIDA. Cuando le leí el borrador de mi charla a Mary, mi sobrina, me dijo: "Tía Sue, lo que dices se aplica a cualquiera, no sólo a la gente con cáncer". Así pues, quiero compartir mi CELEBRA LA VIDA.

CUENTE SUS BENDICIONES, NO SUS PREOCUPACIONES.
Esto lo encontré en una tarjeta de oraciones. No quiero decir que uno no tendrá preocupaciones, sino que cuando

las tenga, no las cuente. Concéntrese más bien en las bendiciones. Prefiera ver el vaso medio lleno, no medio vacío.

EXPRESE HONRADAMENTE SUS SENTIMIENTOS.

El cáncer suscita reacciones emocionales variadas. Respételas honradamente, sean las que fueren. Sobre todo, sea siempre real, concentrándose en lo mejor para usted. No trate de complacer a los otros escondiendo sus sentimientos auténticos, para que ellos se sientan mejor.

APRENDA A REÍRSE Y RÍASE PARA APRENDER.

Alguien dijo una vez que la risa es la mejor medicina. ¡Lo es! He llegado a creer que el sentido del humor es tan vital como los cinco sentidos. Asumir una actitud positiva no requiere estar sonriendo a todas horas, pero hay un vínculo definitivo entre nuestra actitud básica y nuestro sistema de inmunidad, que es demasiado importante para ignorarlo.

AGUANTE LO NECESARIO.

Sí, hay cosas duras en la lucha con la enfermedad. Pero nunca olvido al paciente que me contó que su madre siempre decía: "Desde el día en que naces hasta cuando te llevan en un ataúd, las cosas nunca son tan malas que no puedan ser peores".

SEA ABIERTO Y FLEXIBLE… SIGA LA CORRIENTE.

Encuéntrele significado a los hechos cotidianos porque

las cosas pequeñas significan mucho. Piense en el adagio: "Los que tienen un por qué vivir, pueden soportar casi cualquier cómo". El cáncer es una llamada de alerta que nos saca de la negligencia.

CONSERVE EL CONTROL MANTENIÉNDOSE EN COMUNICACIÓN CON LA FAMILIA Y LOS MÉDICOS

Trabaje con los médicos, no como una víctima sino como un compañero. Confíe en las señales de su cuerpo, para bien o para mal. Usted tiene derecho a reservarse un grado apropiado de control sobre lo que está pasando.

ACEPTE SU CONDICIÓN MORTAL Y AFRÓNTELA.

Éste puede ser un proceso lento y penoso que implica tiempo y esfuerzo. El cáncer realmente nos hace adquirir una nueva conciencia de la calidad anterior de la vida, vista a través de su lente especialísimo. La muerte es segura para todos, pero cómo vivamos los días que nos quedan es cosa nuestra.

ATESORE CADA DÍA Y CADA NUEVA EXPERIENCIA.

No, yo no hubiera escogido el cáncer en la lista de los problemas de salud, pero no cambiaría por nada todo lo que he aprendido, reído y amado a causa de él. Un maravilloso efecto secundario ha sido la conexión con gente increíblemente bella. Creo que se le puede volver la espalda a la negatividad que quiere arrastrarlo a uno hacia abajo.

EJERCITE EL CUERPO, LA MENTE Y EL ESPÍRITU, TANTO COMO PUEDA.

En el libro *Notable recuperación,* de Caryle Hirshberg y Marc Ian Barasch, se habla de siete factores comunes a los sobrevivientes: la voluntad de vivir, la aceptación de la enfermedad pero no de su resultado, el trabajo con los médicos como colaboradores, la presencia de gente que los apoye, la mejora de la dieta, el aumento del ejercicio y el hallazgo de la fe como algo importante para recuperarse.

VIVA RECORDANDO QUE LA VIDA ES UN MISTERIO QUE DEBE VIVIRSE, NO UN PROBLEMA QUE DEBE RESOLVERSE.

Al buscar respuestas, razones, por qué sí y por qué no, recuerde que hay una dimensión de todo esto que sigue siendo un misterio. A veces los quebrantos de salud nos inducen a la reverencia y no al análisis fatigoso.

INVIERTA EN SUS RECURSOS INTERIORES: VALOR, ESFUERZO, DETERMINACIÓN, FE, ESPERANZA Y AMOR.

Todos ellos alimentan la voluntad de vivir y progresar. Sorpréndase a usted mismo practicando estas virtudes.

ENCUENTRE EL FUTURO EN SU AHORA.

Tal vez se ha preguntado si logrará sobrevivir hoy —¡aquí está usted! Escoja metas a corto plazo, como eslabones progresivos en la vida. Medite en la siguiente frase: "Ayer es el pasado, mañana el futuro, pero hoy es un regalo. Por eso lo llaman presente". Sumerja su corazón dentro de este regalo.

¡SALGA TRIUNFANTE, NO COMO UNA VÍCTIMA O UN MERO SOBREVIVIENTE, SINO COMO UN VERDADERO GANADOR!
¿Tengo que decir más? ¡Adelante y arriba!

Hermana Sue Tracy, O.P.

Agradecimientos

Como los volúmenes anteriores de *Chocolate caliente para el alma*, este libro necesitó más de un año para escribirse, compilarse y editarse. Fue una verdadera tarea amorosa para todos los que participamos, y quisiéramos dar las gracias por sus contribuciones a las siguientes personas, sin las cuales este libro nunca se hubiera producido:

Nuestras familias, que nos dieron el espacio para hacer el libro y el apoyo emocional necesario para perseverar a lo largo de lo que parecía una tarea abrumadora e interminable. ¡Ustedes siguen siendo Chocolate caliente para nuestras almas día tras día!

Heather McNamara, quien empleó incontables horas —hasta muy tarde en la noche y durante muchísimos fines de semana— revisando el manuscrito y editando todas y cada una de las copias. ¡Heather, sin ti no lo hubiéramos podido hacer!

Harold Benjamin, por su íntima comprensión y su brillante colaboración durante este proyecto y por tomarse el tiempo para revisar el original con nosotros —haciéndonos comentarios muy necesarios.

Doctor Bernie Siegel, por quitarle tiempo a su recargado horario para aconsejarnos y aclararnos sobre la conexión mente-cuerpo, darnos información médica y mucho más.

Diana Chapman, por compartir continuamente sus historias, hacernos comentarios sobre el manuscrito y levantarnos el ánimo a lo largo de todo el proyecto.

Coping Magazine, por permitirnos solicitar historias a sus lectores en la sección "Cartas" de la revista.

Joel Goodman, quien nos envió varias piezas sobre el humor, que nos ayudaron mucho.

Anna Kanson, de *Guideposts,* por buscar y enviarnos historias. ¡Gracias por tu paciencia! Este libro no estaría completo sin ti.

Meladee McCarty, quien no sólo leyó el manuscrito completo en un tiempo *record*, sino que nos envió varias historias y citas que nos ayudaron a ponerle un humor muy necesario al libro.

Michelle Nuzzo, por alentarnos y darnos ideas para buscar más fuentes, y por revisar la versión inicial del manuscrito. ¡Michelle, tú estuviste siempre presente cuando te necesitamos!

John Wayne "Jack" Schlatter, quien de continuo nos enviaba historias maravillosamente escritas y nos apoyó a lo largo de este proyecto. ¡Tú eres un verdadero amigo, Jack!

Marci Shimoff y Jennifer Hawthorne, coautoras de

Chocolate caliente para el alma de la mujer, por enviarnos historias desde todo el país.

Peter Vegso y Gary Seidler de *Health Communications*, por creer en nosotros y poner continuamente nuestros libros en las manos de millones de lectores. ¡Gracias Peter y Gary!

Kim Wiele, quien mantuvo funcionando nuestra oficina general durante la última fase del proyecto.

Kimberly Manson Culver, quien ayudó a leer y a calificar historias y trabajó muchas horas para ayudar a completar este proyecto.

Larry Price, quien sigue apoyándonos y nos refuerza con su aliento.

Trudy Klefsted, en *Office Works,* quien sacó en limpio el original en tiempo *record* con muy pocos errores. ¡Eres una verdadera joya!

Christine Belleris, Matthew Diener y Mark Colucci, nuestros editores en *Health Communications,* por sus generosos esfuerzos para llevar este libro a su alto grado de excelencia.

Estamos seguros de que en la inmensidad de este proyecto hemos dejado por fuera los nombres de algunas de las personas que nos ayudaron. Lo lamentamos y no por eso les estamos menos agradecidos a los muchos corazones que hicieron posible este libro. Gracias a todos por su visión, su cuidado, su compromiso y sus acciones.

¿Quién es Jack Canfield?

Jack Canfield es uno de los primeros expertos de los Estados Unidos en desarrollo del potencial humano y eficiencia personal. Es un expositor dinámico y entretenido, y un entrenador muy buscado, con una maravillosa capacidad de informar y de guiar al auditorio hacia niveles más altos de autoestima y máximo rendimiento.

Es autor y narrador de varios casetes y videocintas de gran venta que incluyen programas como *Chicken Soup for the Soul - Live, Self Esteem and Peak Performance, How to Build High Self Esteem* y *Self Esteem in the Classroom.* Aparece con regularidad en programas de televisión como *Good Morning América, 20/20, Eye to eye* y *NBC Nightly News.* Ha sido coautor de diez libros, entre ellos todos los de la serie *Chicken Soup for the Soul* , traducida al español con el nombre *Chocolate caliente para el alma.*

Jack Canfield suele hablar en asociaciones profesionales, distritos escolares, entidades gubernamentales, iglesias, hospitales, organizaciones de ventas y corporaciones. Entre sus clientes han figurado la Asociación Dental de los Estados Unidos, la Asociación Estadounidense de Gerencia, la AT&T, Sopas Campbell, Clairol, Domino's Pizza, GE, y otras de igual importancia. También es profesor de dos escuelas para empresarios, *Income Builders International* y *Life Success Academy.*

Dirige un programa anual de ocho días de entrenamiento para capacitadores en las áreas de autoestima y máximo rendimiento. Este programa atrae a educadores, consejeros, asesores de padres y de empresas, oradores profesionales, sacerdotes y otros interesados en desarrollar su habilidad para hablar en público y dirigir cursos.

Para mayor información sobre los libros y las cintas de Jack Canfield, o sobre sus programas de entrenamiento y sus presentaciones personales, escribir a:

The Canfield Training Group
P.O. Box 30880
Santa Barbara, CA 93130
Tel. 800-237-8336
Fax. 805-563-2945
Página web: http://www.chickensoup.com
e-mail: soup4 soul@aol.com
Para recibir información por correo electrónico:
chickensoup@zoom.com

¿Quién es Mark Victor Hansen?

Mark Victor Hansen es un orador profesional que en los últimos veinte años ha hablado a más de un millón de personas en 32 países, en más de 4000 presentaciones en las materias de excelencia en ventas y estrategias, capacitación y desarrollo personal.

Mark ha dedicado toda su vida a su misión para lograr una profunda y positiva diferencia en la vida de la gente. A lo largo de su carrera ha inspirado a cientos de miles de personas a crear futuros con más propósito y mayor poder para sí mismas, mientras estimula la venta de miles de millones de dólares en bienes y servicios.

Mark ha escrito numerosos libros, entre ellos, *Future Diary, How to Achieve Total Prosperity* y *The Miracles of Tithing*. Ha sido coautor de varios libros, como la serie *Chocolate caliente para el alma* y *The Aladdin Factor* (con Jack Canfield).

Además de hablar y escribir, Mark ha producido una completa biblioteca de casetes y videocintas sobre capacitación personal que permiten a sus oyentes reconocer y usar sus habilidades innatas en los negocios y en la vida personal. Su mensaje lo ha convertido también en una personalidad popular en radio y televisión, en los cuales aparece en la ABC, la NBC, la CBS y la HBO.

Mark ha aparecido también en las portadas de numerosas

revistas, entre ellas *Success* y *Changes*. La primera informó sobre sus realizaciones en la portada de su entrega de agosto de 1991.

Mark es un hombre grande con un gran corazón y un gran espíritu, y con inspiración para todos los que procuran mejorarse a sí mismos.

Puede hacer contacto con Mark escribiendo a:

711 W. 17th Street, #D2
Costa Mesa, CA 92627
o llamando al teléfono 714-759-9304 ó
800-433-2314
Fax: 714-722-6912.

¿Quién es Patty Aubery?

Patty Aubery, quien ahora es vicepresidente del Grupo de Entrenamiento y de los Seminarios de Autoestima de Canfield, recuerda los primeros tiempos de trabajo con Jack Canfield —antes de que la serie *Chocolate caliente para el alma* se adueñara del país. Jack todavía estaba contando estas cálidas historias en sus talleres de entrenamiento y en sus presentaciones de ese género, que Patty programaba y coordinaba.

Más tarde, dirigió el amoroso trabajo que exigió la compilación y la edición de las 101 historias originales de *Chocolate caliente*, y apoyó el imponente esfuerzo de mercadeo y el constante optimismo que se necesitaron para llevar el libro a millones de lectores en el mundo entero.

Aunque Patty no pueda reclamar los títulos de autora de libros famosos, notable autoridad o siquiera expositora de fama nacional, con su singular combinación de trabajo duro, buen juicio y perspicacia ha logrado vender más de 5 millones de ejemplares de los libros de gran demanda que se han dado a la imprenta.

Recientemente fue coautora del quinto volumen de la serie *Chocolate caliente para el alma*. Sobre este esfuerzo, Patty dice: "Quienes cuentan las historias que recojo para cualquier libro de *Chocolate caliente,* siempre me animan, me asombran y me hacen sentir humilde, pero el coraje arrollador, la robusta fe y la profunda sabiduría que encontré en los colaboradores de este volumen me acompañarán toda la vida".

Patty está casada con el exitoso empresario Jeff Aubery y con él tiene un hijo, J. T. Aubery, nacido en California del Sur y prominente activista en la organización de entrenamiento de Jack Canfield y en el fenómeno *Chocolate caliente*. Patty y su familia tienen su hogar en Santa Barbara. Se la puede encontrar en:

The Canfield Training Group
P.O. Box 30880
Santa Barbara, CA 93130
Tel. 005-563 2935
Fax. 805-563-2945

¿Quién es Nancy Mitchell?

Nancy Mitchell es directora de publicaciones del Grupo Canfield. Se graduó en la Universidad del Estado de Arizona, en mayo de 1994, como enfermera.

Después de su grado, trabajó en el Centro Médico Regional El Buen Samaritano, en Phoenix, Arizona, en la Unidad de Cuidados Intensivos Cardiovasculares. Cuatro meses después de graduarse, regresó a su ciudad natal, Los Ángeles. Su hermana y coautora, Patty Aubery, le ofreció un trabajo que requería parte de su tiempo, con Jack Canfield y Mark Victor Hansen. Las intenciones de Nancy eran ayudar a terminar un segundo tomo de *Chocolate caliente* y luego volver a la enfermería. Sin embargo, en diciembre de ese año le pidieron que continuara en el Grupo Canfield de tiempo completo. Nancy dejó la enfermería en reserva y se convirtió en la directora de publicaciones, trabajando en estrecha colaboración con Jack y Mark en todos los proyectos.

Nancy dice que en el momento lo que más agradece es su regreso a Los Angeles. "Si no hubiera vuelto a California, no habría podido estar cerca de mamá durante su ataque de cáncer del seno. Ahora mismo, mi prioridad es estar a disposición de mamá y de mi familia".

Nancy se ha pasado nuevamente a Santa Barbara con el Grupo Canfield y puede conseguirse en:

The Canfield Group
P.O. Box 30880
Santa Barbara, CA 93130
Tel. 800-237-8336
Fax. 805-563-2945

Colaboradores

Muchas de las historias de este libro fueron tomadas de libros que hemos leído y cuyos datos incluimos en la siguiente sección. La mayor parte de ellas provienen de sobrevivientes de cáncer, muchos de los cuales son oradores profesionales. Si usted desea ponerse en contacto con ellos para solicitar información sobre sus libros, casetes y seminarios, puede localizarlos en las direcciones que suministramos a continuación.

Muchas historias también provienen de lectores como usted, que respondieron a nuestra petición de enviarnos historias. A continuación incluimos información sobre estas personas también.

Roberta Andresen ha trabajado en el mundo de los negocios toda su vida. Autora del libro *My Daddy Died* (Mi padre murió), con frecuencia dicta charlas a grupos. Se la puede contactar en el tel. 800-749-2550.

Louise Biggs está casada y tiene tres hijos. Cuando sus hijos mayores estaban en la universidad, ella decidió unírseles y graduarse como maestra a los 42 años. Ha trabajado en la enseñanza durante 13 años. Se le puede escribir a 4616 Old Stage Rd., Pulaski, VA 24301, U.S.A.

Linda Blackman es presidente de la empresa Imagen Ejecutiva, Inc. y una muy solicitada oradora y entrenadora profesional. En sus talleres, enseña cómo fortalecer la imagen y conquistar a cualquier auditorio. Se le puede escribir a 5020 Castleman St., Pittsburgh, PA 15232, U.S.A.

William M. Buchholz, M.D. es oncólogo, graduado de las

Universidades de Harvard y Stanford. Trabaja con su esposa, una psicóloga clínica, y es asesor del Commonweal Cancer Help Program (Programa de ayuda a pacientes con cáncer Commonweal), en Bolinas, California. En su práctica, el doctor Buchholz combina las terapias convencionales y las complementarias, con énfasis en empoderar a los pacientes y a sus familias.

Diana L. Chapman ha ejercido el periodismo por más de 11 años y trabajado para distintos periódicos de California. Se especializa en contar historias sobre el valor humano. Después de recibir un diagnóstico de esclerosis múltiple en 1993, comenzó a trabajar en un libro sobre temas de salud. Se le puede escribir a 837 Elberon #3A, San Pedro, CA 90731, U.S.A.

Diane Clark enseña en la escuela secundaria de su ciudad, vive con su familia en una finca y está comprometida con el programa de recuperación de los doce pasos, de Alcohólicos Anónimos. Se le puede escribir a 1000 E. 3211 N., Buhl, ID 83316, U.S.A.

Reverendo Robert Craig es ministro medodista. De 1980 a 1994 fue capellán del Centro Médico Metodista en Peoria, Illinois, donde trabajó con el equipo de cirugía del corazón. Se le puede escribir a 102 South Niles, Metamora, IL 61548, U.S.A.

Janine Crawford es contadora de una firma de bienes raíces en Arcadia, California. Su primer amor son los niños y adora hacer ropa para ellos y cobertores para bebés. Ésta es la primera vez que escribe un texto para publicar.

Christine M. Creley es profesora de primer grado y sus intereses incluyen viajar, leer y hacer ejercicio. Se le puede escribir a 3904 Robin Hill Dr., Bartlett, TN 38135, U.S.A.

Sally deLipkau es la representante de los pacientes de la Unidad de Oncología del Centro Médico Washoe y trabaja con los pacientes de cáncer y su familias individualmente y en sesiones de grupo. Organiza charlas para fomentar la detección temprana del cáncer de seno y también hace presentaciones de carácter inspirador. Entrena voluntarios y coordina programas de la Sociedad Americana de Lucha contra el Cáncer.

Manuel Diotte contrajo cáncer a los siete años, y entonces le dieron seis meses de vida. Después de 26 operaciones, dos años de quimioterapia y varios meses de irradiaciones, Manuel logró vencer a la muerte. Ahora tiene 28 años y se considera un milagro viviente. A través de la radio y la televisión, su historia de amor, esperanza, fe y coraje ha servido para animar a innumerables personas. Se le puede escribir a 314 Cypressfox, San Antonio, TX 78245, U.S.A.

Joanne P. Freeman es abogada y escritora. Ha publicado ensayos, críticas de cine y reseñas de libros en diversos diarios. Se le puede escribir a 2220 Miraval Tercero, Tucson, AZ 85718, U.S.A.

Howard J. Fuerst, M.D. se graduó como médico de la Universidad de Pennsylvania en 1949 y trabajó en medicina interna hasta 1986. En 1991 se interesó por la medicina alternativa y hoy en día dirige un grupo de apoyo para pacientes de cáncer.

Katherine Stephens Gallagher trabajaba en el Hospital Metodista Harris cuando le diagnosticaron cáncer de seno, en abril de 1992. Después de someterse a cirugía con reconstrucción, dedica la mayor parte de su tiempo a trabajar con la Sociedad Americana de Lucha contra el Cáncer y otras organizaciones y programas similares. Para Katherine, trabajar con mujeres que enfrentan su misma enfermedad es una experiencia muy gratificante. Se le puede escribir a 7120 Serrano Dr., Fort Worth, TX 76126, U.S.A.

Katie Gill se graduó de la universidad en mayo de 1996, planea dedicarse a escribir y, con el tiempo, quiere hacer un libro sobre su experiencia de tener cáncer a los 16 años, para ofrecer esperanza a otros adolescentes con cáncer. Se le puede escribir a 4520 Ashbury Park Dr., North Olmstead, OH 44070, U.S.A.

Katie Griffler tiene 15 años y le gusta el arte, escribir, dibujar y actuar. Pero en especial ama la danza y ayudar a los demás. Se le puede escribir a 6 Carbury Rd., Ocean, NJ 07712, U.S.A.

Jane Hill es una sobreviviente del cáncer de seno y miembro de la Asociación Nacional de Sobrevivientes de Cáncer. Aprovechando su experiencia como comediante, con frecuencia participa en talleres, campañas y programas sobre la relación entre salud y humor. Miembro también del capítulo del condado de Orange de la Fundación Susan G. Komen para la Lucha contra el Cáncer de Seno, fundó, junto con su hija adolescente, un programa de amistad y apoyo para niños cuyos padres sufren de cáncer, con el apoyo de la Fundación Komen. Se le puede escribir a 3941 South "E" Bristol St., Suite 337, Santa Ana, CA 92704, U.S.A.

Sally P. Karioth, Ph.D., R.N., es profesora de la Universidad Estatal de Florida, donde enseña un curso sobre el impacto de la muerte en una familia. Durante más de veinte años ha trabajado como consejera, enseñando a las personas a enfrentar y superar la muerte de sus seres queridos. Su especialidad es aconsejar a padres cuyos hijos han muerto. Se le puede escribir a Living Is Fun Enterprises, 2406 Mexia Ave., Tallahassee, FL 32304, U.S.A.

Maureen Khan-Lacoss es madre de dos niños, Matthew y Jonathan, a quienes está dedicada su historia. Según Maureen, lo que le permitió tener una actitud positiva frente a su cáncer, 25 años atrás, fue el apoyo de sus padres, que la educaron tal como es. Se le puede escribir a P.O. Box 212, Quaker Hill, CT 06375, U.S.A.

Chris King se ha desempeñado en miles de diversas posiciones, pero su vocación es el desarrollo humano. Su misión, según ella, es ayudar a los demás a ejercitar su creatividad innata, con el fin de mejorar la calidad de su vida en todos los aspectos. Se le puede escribir a P.O. Box 221255, Beachwood, OH 44122, U.S.A.

Kristine Kirsten creció en Los Ángeles y fue educada por su madre. Además de continuar con su carrera de actriz y escribir un libro acerca de su lucha contra el cáncer, le gustaría estudiar enfermería para poder ayudar a otros pacientes de la manera en que las enfermeras que la cuidaron la ayudaron a ella.

Paula (Bachleda) Koskey es una feliz sobreviviente cuya mayor felicidad son sus tres hijos adolescentes. Firme creyente en el poder de los actos de amabilidad, también le gusta escribir y hablar a otros sobre su experiencia. Se le puede escribir a 1173 Cambridge, Berkley, MI 48072, U.S.A.

Peter Legge es el presidente y director general de Canada Wide Magazines and Communications, una organización que publica 19 revistas a lo largo y ancho de Canadá. Autor de dos libros de auto-ayuda y ganador de importantes reconocimientos por su labor como orador, se le puede escribir a Peter Legge Management Co. Ltd., 4th Floor, 4180 Lougheed Hwy, Burnaby, BC V5C 6A7, Canadá.

Gregory M. Lousig-Nont, Ph.D. es presidente de Lousig-Nont y Asociados, una firma consultora sobre potencial del recurso humano. Dirige seminarios motivacionales y recientemente publicó un libro sobre los "hábitos de la felicidad". Se le puede escribir a 3740 Royal Crest St., Las Vegas, NV 89119, U.S.A.

Cynthia Bonney Mannering, M.A.T. enseña cómo prestar apoyo a los pacientes de cáncer. Según ella, la compasión y el cuidado que recibió de los profesionales que se ocuparon de su caso, así como de su familia y amigos, durante su trasplante de médula, fueron claves en su supervivencia. Su historia, su experiencia como oradora y sus investigaciones en cómo brindar apoyo y cuidados la hacen una entrañable consejera. Se le puede escribir a 810 Warm Springs Ave., Boise, ID 83712, U.S.A.

Hanoch McCarty, Ed.D. es un conocido orador, psicólogo

educacional y escritor. Sus charlas se caracterizan por su energía, humor y lucidez. Autor de 14 libros y casetes con programas de entrenamiento, se le puede escribir a P.O. Box 66, Galt, CA 95632, U.S.A.

Meladee Dawn McCarty es una dinámica conferencista sobre temas que van desde la autoestima hasta programas de amabilidad intencional y nuevos enfoques de la educación especial. Trabaja con niños que tienen serias limitaciones, y con sus familias y maestros. Se le puede escribir a P.O. Box 66, Galt, CA 95632, U.S.A.

Susan Chernak McElroy ha sido amante de los animales durante toda su vida y ha trabajado durante años con ellos, desde distintas áreas. El sueño de Susan es sanar la relación que existe entre el hombre y los animales. Vive en Oregon y se le puede escribir a NewSage Press, P.O. Box 607, Troutdale, OR 97060-0607, U.S.A.

Lisa McKeehan es profesora de preescolar en La Jolla, California. Comenzó a trabajar como voluntaria en el Campamento Ronald McDonald desde que estaba en la universidad estudiando educación, y dice que quiere seguir haciéndolo cada vez que tenga oportunidad.

Peter McWilliams es autor y coautor de varios libros de autoayuda. La mayoría de sus trabajos se pueden consultar libremente en Internet, en: http://www.mcwilliams.com.

Mary Lyn Miller es asesora en comunicaciones, profesora, oradora, escritora y fundadora de La Clínica de la Vocación. Mientras se recuperaba del cáncer, ideó un innovador proceso para orientar la vida, que ha ayudado a miles de personas que han decidido abrazar sus sueños y convertirse en todo lo que están diseñadas para ser. Se le puede escribir a 3901 Highland Ave., Suite 2, Manhattan Beach, CA 90266, U.S.A.

Linda Mitchell es la madre de dos de las creadoras de este libro, Patty Aubery y Nancy Mitchell. Después de recibir un diagnóstico de cáncer de seno en enero de 1995, se sometió a cirugía y radiación y hoy está libre del cáncer. Esa experiencia le enseñó que sólo se vive una vez y que la vida debe gozarse al máximo. Se la puede llamar al tel. (1) 818-368-2364.

Marilyn Moody trabaja con el Departamento de Servicios Sociales de su condado, y en su tiempo libre se dedica a escribir. Actualmente está terminando una obra de teatro, *Love and Laughter* (Amor y risa), sobre su grupo "on-line" de pacientes de cáncer. Se la puede llamar al tel. (1) 714-848-0800.

Erik Olesen es conferencista profesional, psicoterapeuta y autor de varios libros de autoayuda, y su trabajo se orienta a ayudar a la gente a adquirir más seguridad en sí misma y a llevar una vida más tranquila y productiva. Se le puede escribir a 2740 Fulton, Suite 203, Sacramento, CA 95821, U. S. A.

Bernadette Randle fue pianista profesional y arreglista y ahora trabaja como directora musical de la iglesia New Life Family. Voraz lectora y estupenda oradora, se le puede escribir a P.O. Box 1732, Maryland Heights, MO, U.S.A.

Mary L. Rapp nació en Nueva York y es la mayor de 12 hermanos, lo cual —dice ella— la preparó muy bien para la maternidad y su trabajo en enfermería. Para Mary, el cáncer ha sido el reto más grande de su vida.

Nancy Richard-Guilford es una oradora profesional especializada en talleres interactivos sobre autoestima, óptimas presentaciones y cómo crear una vida placentera. Conocida por sus talleres desde 1980, su trabajo se caracteriza por el humor y la enseñanza de estrategias prácticas. Se le puede escribir a P.O. Box 24220, Ventura, CA 93002, U.S.A.

Jaime Rosenthal estudia en la Universidad Estatal de Pennsylvania. A su madre le diagnosticaron cáncer de seno en noviembre de 1994 y se sometió a cirugía, quimioterapia y radiación.

Hoy en día el cabello de su madre ha vuelto a crecer y ella se ve muy saludable. A Jaime se le puede escribir a 848 Weber Dr., Yardley, PA 19067, U.S.A.

Paul Santaro tiene 55 años y tres hijos. Desde su experiencia, se ha vuelto más consciente del drama humano y cree firmemente que nuestra alma necesita y desea evolucionar, y que todos estamos en un viaje cuyo objetivo es reconciliar nuestra voluntad con la de Dios.

John Wayne Schlatter es orador y sus charlas se caracterizan por su inspiración, sabiduría y humor. Profesor de drama y oratoria, y autor de varios libros, en 1993 recibió el Premio al Orador del año. Se le puede escribir a P.O. Box 577, Cypress, CA 90630, U.S.A.

Delva Joan Seavy-Rebin ejemplifica el triunfo del espíritu humano. Privada de sus padres por la acción del cáncer, y muy enferma ella también, sobrevivió a un pronóstico negro. La fuerza de voluntad ha sido su escudo. Acreedora de varios premios y reconocimientos, continúa iluminando el camino de los demás.

Bernie Siegel, M.D. es autor de los bestsellers *Love, Medicine and Miracles* (Amor, medicina y milagros), *Peace, Love and Healing* (Paz, amor y curación) y *How to Live Between Office Visits* (Cómo vivir entre controles médicos). Está profundamente involucrado con la tarea de humanizar la educación médica y volver a los profesionales de la medicina y a los pacientes conscientes de la conexión entre la mente y el cuerpo. En 1978 el doctor Siegel fundó la organización ECaP, Exceptional Cancer Patients (Pacientes de cáncer excepcionales), localizada en 2 Church Street South, New Haven, CT 06519, U.S.A.

Hermana Sue Tracy, O.P., es directora de cuidado pastoral en el Hospital Mercy de Toledo, Ohio, desde 1989. Ha enfrentado el cáncer de seno dos veces y con frecuencia habla en público de su experiencia. En sus charlas hace mucho énfasis en ser una luchadora y no sólo una sobreviviente. Se le puede escribir a Mercy Hospital, 2200 Jefferson Ave., Toledo, OH 43624, U.S.A.

Anne C. Washburn es la coordinadora de programas de educación para pacientes del Centro para el Tratamiento del Cáncer de Carolina del Norte, en Chapel Hill. Su trabajo consiste en planear, poner en práctica y evaluar los programas educativos y psicosociales para los pacientes de cáncer y sus familias. Se la puede llamar al tel. (1) 919-966-3097.

Bob Westenberg es asesor y redactor de anuncios de correo directo y consecución de fondos para distintas causas. Se le puede escribir a 95 Devil's Kitchen Dr., Sedona, AZ 86351, U.S.A.

Norma Yamamoto vive con su esposo y su hija, mientras que su hijo Brian estudia en la universidad y, según los últimos exámenes, ya no tiene tumores y está en remisión. Esta historia fue presentada a la revista *Coping* en 1994, y Brian fue elegido el Sobreviviente del Año en 1995. A Norma se le puede escribir a 17401 Wildrose Ln., Huntington Beach, CA 92649, U.S.A.

Licencias